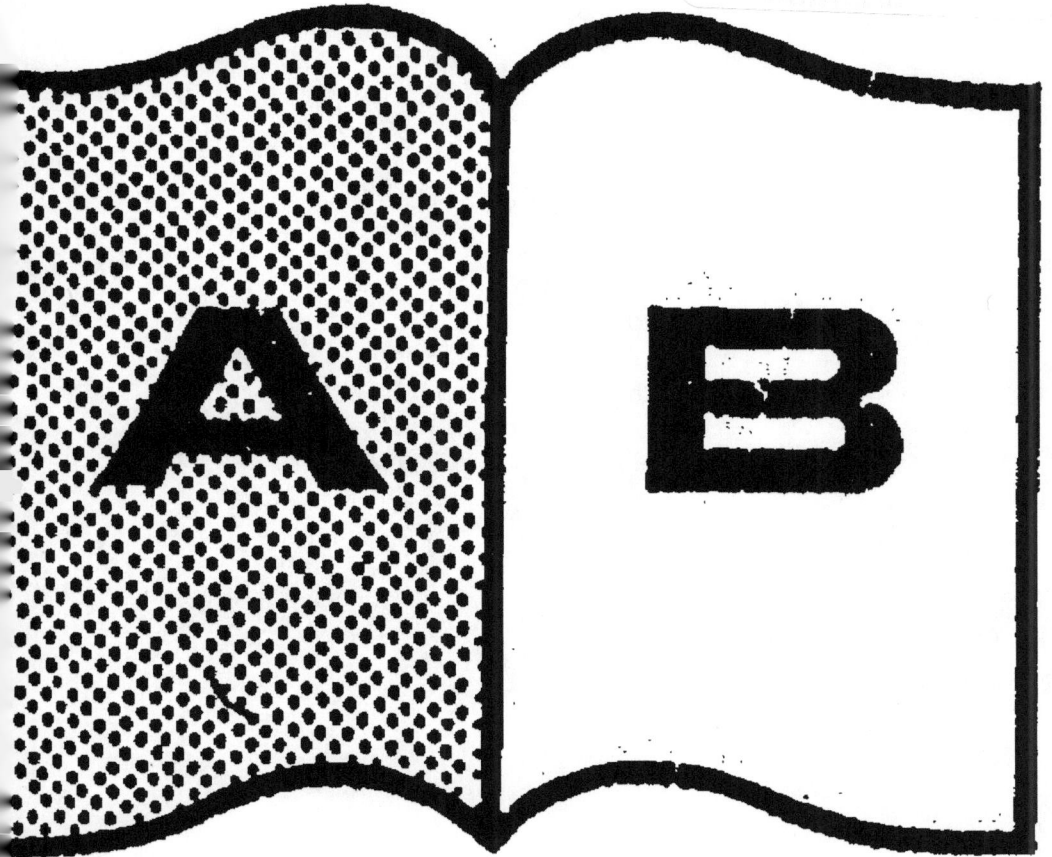

le
Dragon rouge

8° R
32871

46896

Paris

Le Bailly, Éditeur
15 Rue de Tournon

LE
DRAGON ROUGE

Le Dragon Rouge

OU
L'ART DE CONJURER LES ESPRITS

DÉMONTRÉ

Par des Faits et des Exemples
Par M. ROBVILLE

Anciennes Maisons LE BAILLY et O. BORNEMANN

S. BORNEMANN, Successeur

ÉDITEUR — 15, Rue de Tournon — PARIS

LA
POULE
NOIRE

LE
DRAGON ROUGE

Ceci se passait dans un village de Provence, huit jours avant la Saint-Jean.

On avait moissonné pendant la journée les blés du père Michu, et tous les gens de la ferme, rassemblés dans la salle commune, achevaient le repas du soir. Après un dernier coup de piquette, les femmes se mirent à quelque travail de couture, les hommes allumèrent leur pipe et la conversation s'engagea.

Parmi les assistants se trouvait un jeune garçon à la mine naïve, à l'air timide, que les filles regardaient parfois en souriant, et qui ne parlait qu'avec une sorte d'hésitation. Il montrait, en un mot, tous les signes d'un caractère faible, d'une intelligence, sinon bornée, du moins peu développée pour son âge, car il avait près de vingt ans.

On l'appelait Claude Michu, c'était le fils du fermier.

Il faut le dire, si Claude n'avait rien de l'assurance virile, c'est que de tout temps il s'était vu l'objet des quolibets et des railleries de ses camarades. Habitué à servir de point de mire aux moqueurs, plein de défiance à l'égard de sa propre force, il s'était résigné longtemps à ce rôle de souffre-douleur qu'on lui avait imposé depuis l'enfance.

Du reste, laid, grêle et chétif comme il était, il ne pouvait guère triompher de sa destinée et parfois il se prenait à songer qu'un prodige seul serait capable de lui rendre sa valeur morale.

Il avait voulu dire quelques douceurs aux fillettes du voisinage, elles lui avaient ri au nez; il s'était mis en tête de faire des expériences agricoles, suivant les données d'un livre spécial, et aucune de ces expériences n'avait réussi.

Enfin Claude était ce qu'on appelle un homme poursuivi par la mauvaise chance.

En y réfléchissant bien, on aurait vu que cette prétendue mauvaise chance venait tout simplement de la fausse direction imprimée à l'esprit du jeune homme, de sa mollesse intellectuelle et de sa grande hésitation dans toutes les circonstances; mais on ne s'avise pas de tout.

Quoi qu'il en fût, Claude en était venu à se persuader qu'il serait toujours malheureux, toujours faible, toujours bafoué par les unes, battu par les autres, et finalement qu'on lui avait jeté un sort.

Cette croyance était le résultat naturel de la naïveté de son esprit.

Quand elle lui fut entrée dans la cervelle, il n'eut plus d'autre désir que de combattre ce fameux sort dont il était victime; mais pour le combattre, il fallait, à son avis, beaucoup de courage, beaucoup d'audace, et Claude sentait bien que ces deux qualités-là n'étaient point de son fait.

On va voir, pourtant, comment il se décida à se révolter contre tous les déboires dont il était incessamment abreuvé.

La soirée touchait à sa fin lorsque la porte de la ferme s'ouvrit et livra passage à un petit vieillard à l'aspect étrange et à l'accoutrement bizarre.

Ce vieillard faisait ouvertement profession de berger, mais il était connu dans le pays pour un sorcier qui *en savait long*, disaient les bonnes femmes en hochant la tête, et qui d'un mot pouvait changer la montagne en plaine et la plaine en montagne, au gré de son caprice.

La vérité, c'est que Simounen (ainsi se nommait le sorcier) était un fin matois vivant sur la crédulité des paysans qui garnissaient sa bourse de beaux écus et lui faisaient des revenus avec leur sottise.

Bon compagnon, gai conteur sachant par cœur tous les noëls et toutes les rondes de Provence, Simounen était reçu partout avec plaisir, peut-être avec crainte par certains, car sa réputation d'ensorceleur ne manquait pas de causer quelque inquiétude aux faibles cervelles de l'endroit.

Quand il parut dans la maison du père Michu, les filles, qui le connaissaient bien pour lui avoir maintes fois acheté des talismans ou des charmes, le saluèrent joyeusement.

— Bon ! s'écria Madeloun, une jolie brune, que Claude aimait depuis longtemps et qu'il voulait épouser, sans avoir jamais eu le courage de le lui dire, dans la crainte d'une moquerie, bon, voilà le père Simounen qui va nous raconter une histoire.

— Je ne dis pas non, petite, répliqua le berger, qu'est-ce que tu veux que je raconte ?

Racontez-nous la légende du Trou-Noir. C'est très-intéressant et ça fait peur.

— Oui, crièrent toutes les voix, la légende du Trou-Noir !

— Bon, écoutez-moi donc, et ne soufflez mot, car je n'aime pas qu'on m'interrompe.

Le cercle des auditeurs se serra autour de Simounen, et le vieillard commença ainsi :

— C'était au temps où la Provence ne s'appelait pas

encore la Provence; il y a de cela plus mille ans, vivaient alors, dans ce pays-ci, deux frères qui habitaient ensemble avec leur père un vieux château sur la montagne. L'un s'appelait Jehan, l'autre André. André, le cadet, était aussi méchant que son frère Jehan était bon : cependant il ne laissa rien voir de son mauvais cœur, jusqu'au jour où son vieux père fût sur le point de mourir.

Alors la jalousie s'empara de lui. Il savait que son frère, suivant les habitudes du temps, allait hériter de toute la fortune et de tous les titres paternels, et que lui, André, ne serait plus dans le château que le premier serviteur de Jehan.

Il résolut vite de tuer son aîné et de rester ainsi seul possesseur de tous les biens.

Une nuit donc, pendant que tout dormait, il s'avança doucement jusqu'à la chambre de son frère, et s'étant jeté comme un loup sur ce dernier, il lui perça la poitrine avec un poignard. Le pauvre Jehan fit : Ah ! et mourut :

Puis le meurtrier se sauva dans la tour qu'il habitait et attendit le jour.

Quand il apprit le lendemain matin ce qui s'était passé, le père des deux jeunes gens expira de chagrin, et André eut ce qu'il avait tant souhaité, la fortune et les honneurs ; car, personne n'ayant osé le soupçonner, on crut que Jehan avait été assassiné par des voleurs qui désolaient alors la contrée. Tel fut, du moins, le bruit que fit répandre le nouveau seigneur.

Et comme il était justement redouté dans son domaine, aucun n'osa le contredire.

Vous croyez qu'il vécut tranquille peut-être, comme cela arrive à bien des coupables ? Non. Si la justice des hommes n'avait pu l'atteindre, celle de Dieu ne lui manqua pas.

Juste un an après la mort de son père et de son frère, par une soirée d'hiver où la bise soufflait à déraciner les rochers, le seigneur André était seul dans sa chambre.

Il avait reçu, dans la journée, le montant des dîmes en argent qu'il prélevait sur ses tenanciers, et voulant les mettre en sûreté, il avait ouvert le trésor de sa famille où se trouvaient entassés des tonnes gorgées d'or, des corbeilles pleines de diamants et de perles, et de grands coffres emplis jusqu'au couvercle de lingots d'argent.

Ces richesses merveilleuses, il les contemplait avec orgueil et s'applaudissait du coup qui l'en avait rendu le maître, lorsqu'il entendit au fond de la salle du trésor comme un soupir prolongé.

Son sang se glaça dans ses veines et il eut à peine la force de regarder devant lui.

Tout à coup, une voix l'appela à deux reprises :

— André ! André !

Alors, il se hasarda à jeter les yeux vers le fond de la pièce, et soudain il poussa un cri de terreur.

Son père était devant lui.

Et à côté de son père se tenait Jehan assassiné, portant encore dans la poitrine les deux trous rouges qu'y avait faits le poignard d'André.

— Mon père ! mon frère ! cria le meurtrier ; grâce ! grâce !

Il tomba à genoux devant les deux spectres immobiles et menaçants.

Et la bise au dehors se mit à souffler plus glaciale et plus violente, et les murs du château tremblèrent jusque dans leurs fondements.

— Grâce, répéta le misérable.

— Dieu t'a jugé, ton heure est venue, prononça lentement le spectre de Jehan. Dieu t'avait donné un

1.

an pour te repentir, et tu n'as pas un seul instant maudit ton crime. Meurent donc avec toi et les honneurs dont la source est maudite, et les richesses mal acquises, et ce château que tu as souillé.

Alors, les deux ombres s'attachèrent aux deux piliers qui soutenaient la salle.

Et tandis qu'ils les secouaient comme un arbre dont on veut faire tomber les fruits, le vent d'hiver redoublait de rage, et les tours, et les remparts du château vacillaient, sous ses attaques, comme des échalas mal plantés.

Bientôt, André entendit autour de lui des cris surhumains, des hurlements de démons déchaînés; les spectres le regardèrent avec des yeux flamboyants, et soudain les deux piliers de la voûte s'abattirent; un grand bruit de pierres roulant sur leurs assises retentit; le sol sur lequel était bâti le château s'effondra, et murailles, tours, or, argent, diamants et richesses de toutes sortes s'engouffrèrent dans la terre avec leur indigne possesseur.

Là où fut naguère une montagne venait de s'ouvrir un profond abîme; c'est ce qu'on appelle aujourd'hui le *Trou-Noir*.

Le conteur s'arrêta.

Claude Michu l'avait écouté avec un intérêt mêlé d'effroi.

Quant à Madeloun, elle n'avait pas perdu un mot du récit; pourtant, elle ne déclara pas encore sa curiosité satisfaite.

— Père Simounen dit-elle, vous n'avez pas fini. Est-ce qu'il ne court pas dans le pays des bruits terribles sur le Trou-Noir?

— Si, ma fille; on dit qu'à certains jours les démons font leur sabbat au lieu où sont enfouis le corps, le château et les trésors d'André le fratricide.

— On dit aussi, n'est-ce pas, reprit Madeloun, que bien des gens ont voulu conjurer les esprits du Trou Noir et chercher le trésor qui est caché ?

— C'est vrai.

— Mais, à ce qu'on affirme, aucun n'a réussi.

— On peut donc, hasarda Claude timidement, conjurer ainsi les démons et s'approprier les trésors dont ils sont gardiens ?

— Sans doute, fit Madeloun ; mais pour cela il faut être très savant et très courageux. A ce compte, ce n'est pas toi qui pourrais aller au Trou-Noir, mon pauvre Claude.

Claude ne répondit pas à Madeloun, mais interrogeant de nouveau le sorcier :

— A quelle époque entend-on ces bruits de sabbat ?

— A la Noël, à la Toussaint, et pendant la nuit de la Saint-Jean, répondit Simounen, qui attacha sur le visage de son crédule auditeur un regard plein de malice.

— La Saint-Jean! c'est dans huit jours, murmura Claude. Et que fait-on, maître Simounen, pour conjurer les démons et avoir le trésor ?

— Tu en veux trop savoir, petit. Pour apprendre ces choses-là, ça coûte gros, et encore ne les apprend pas qui veut.

Ce disant, le berger cligna de l'œil comme pour dire : « Tout cela, je le sais, moi, et je n'en suis pas plus fier. »

Le rusé compère avait flairé dans Claude Michel une dupe facile, et à tout événement, il préparait son terrain. Pendant ce temps-là, Claude, qui était timide surtout par crainte des railleries de ses camarades et se sentait plus fort quand il pensait et agissait isolément.

Claude réfléchit que posséder le trésor du Trou-Noir. ce serait gagner tout d'un coup la considération, le respect des hommes, les sourires des filles, et se débarrasser à tout jamais, grâce à l'aplomb que donne la richesse, de cette faiblesse, ridicule qui l'empêchait d'avouer son amour à Madeloun et de lui demander sa main.

Pour la première fois de sa vie, il se sentit du courage et résolut de tenter la terrible épreuve dont avait parlé Simounen.

Pour cela, il lui fallait gagner la confiance du vieux sorcier et lui arracher. même à prix d'argent, le secret de la conjuration qui devait rendre les démons du Trou-Noir dociles à son désir.

Ceci montre à quel point de crédulité le défaut de raisonnement peut pousser un homme et quelle riche mine à escroqueries doivent offrir aux aventuriers de la race de Simounen les bonnes bêtes du genre de Claude Michu.

Quand le berger quitta la ferme, il était dix heures du soir.

Il s'engageait dans un chemin creux conduisant aux premières pentes de la montague où il avait bâti sa cabane, lorsqu'il entendit derrière lui des pas précipités.

— Bon, dit-il en s'arrêtant. l'histoire du trésor a produit son effet; voilà mon homme.

Simounen ne se trompait pas : presque aussitôt la voix essoufflée de Claude se fit entendre.

— Père Simounen ! père Simounen !

— C'est toi. Claude ? que t'arrive t il. mon garçon ? fit le sorcier avec un feint étonnement.

— J'ai à vous parler, père Simounen. et comme je ne voulais pas le faire devant tout le monde, je vous ai suivi jusqu'ici.

— Bon, explique-toi.

— C'est que c'est bien difficile...

— Allons, tu as peur ? Eh bien ! je vais t'éviter la peine de parler ; je vais te dire ce que tu me veux.

— Vous ? murmura Claude déjà épouvanté de cette pénétration du vieux berger ; pénétration facile à expliquer d'après ce qui s'était passé à la veille.

— Moi ! répéta le vieillard d'un ton solennel. Écoute : Tu sais que je m'occupe de ces sciences terribles, inconnues aux autres hommes ; l'histoire du trésor du Trou-Noir t'a alléché, et tu viens me demander le secret qui doit t'en assurer la possession

— Comment savez-vous cela ?

— Je sais tout ce que je veux ; je peux tout ce que je désire, mon garçon, reprit le sorcier affectant une intonation de plus en plus grave.

— Ainsi vous consentiriez...

— A t'apprendre la conjuration des démons. Oui, si tu as du courage ; non si tu as peur.

— Je n'aurai pas peur.

— Tu n'as pourtant pas l'air d'un brave.

— Ça ne fait rien. Quand on n'est point là pour me regarder et m'intimider, je me sens capable de tout.

— Tant mieux alors ; car pour ce que tu veux tenter, il faudra que tu sois seul.

— Que faut-il faire ?

— Doucement, mon garçon as-tu de l'argent, d'abord ?

— J'en ai un peu.

— Bon, car sans cela rien n'est possible. Pour les conjurations, vois-tu il faut se procurer divers objets qui ne se donnent pas pour rien. Puis j'ai mon secret et ce secret-là vaut quelque chose comme tu penses.

— Je l'entends bien ainsi.

— A la bonne heure. Eh bien ! comme il est tard
et que j'en ai long à te dire, va te coucher tranquillement. Demain à la nuit, tu viendras me trouver à
la montagne et je t'apprendrai ce que tu dois faire.

Simounen se remit en route et Claude revint à la
ferme, le cœur serré et tout ému de l'audacieuse
entreprise qu'il allait tenter.

————————

Le jour suivant, après le souper, pendant que les
garçons et les filles de la ferme reprenaient leur
veillée, toujours animée par les gais propos ou les
chansons rustiques, Claude s'esquiva sans être re-
marqué et gagna au pas de course la cabane de
Simounen.

Le vieillard l'attendait, assis devant une petite
table et lisant, à la lueur d'une chandelle de suif,
un livre crasseux à demi déchiré.

L'intérieur de la cabane répondait parfaitement au
caractère que l'opinion publique prêtait au berger.

Sur les murs crépis à la chaux étaient cloués des
oiseaux de proie et des chauve-souris, et se mê-
laient, dans un désordre étrange, de vieilles armes,
des baguettes de coudrier à bout ferré, des bran-
ches de gui sèches, et deux ou trois petits chau-
drons de cuivre. Au plafond, pendaient un iguane
empaillé — sorte de grand lézard à l'aspect terrible — et un serpent dont la gueule ouverte laissait
encore passer une langue fine, desséchée par le
temps, et pointue comme un dard.

Sur des bancs de bois grossièrement équarri sé-
chaient des plantes aromatiques. D'autres plantes
macéraient dans un cuvier posé près de la table, et
des fioles de diverses formes s'alignaient sur la cheminée, à côté de quelques volumes poudreux.

Le sol de la cabane était de terre battue ; deux poules noires y picotaient comme dans une basse-cour, et dans un coin sombre étincelaient les yeux ronds d'un de ces crapauds énormes, comme on en trouve dans les carrières.

L'aspect de ce misérable logis n'était pas de nature à rassurer le pauvre Claude Michu. Aussi s'arrêta-t-il sur le seuil avec un mouvement de brusque appréhension.

Il n'osait hasarder son pied dans cette enceinte maudite, et il serait probablement retourné sur ses pas, si Simounen, craignant de voir sa dupe lui échapper, ne lui eût crié d'un ton encourageant :

— Bonsoir, Claude. Entre vite, mon ami ; je vois que tu es un garçon exact.

L'aspirant sorcier comprit qu'il était trop tard pour reculer.

Il secoua un frisson et se risqua dans l'intérieur.

Le berger se leva alors et vint fermer soigneusement la porte

— Il ne faut pas qu'on nous dérange, fit-il, comme à lui-même. Les gendarmes ne croient à rien et s'ils nous surprenaient, ils seraient bien capables, ma foi de jeter du trouble dans nos affaires.

Cette crainte des gendarmes imprudemment exprimée par le sorcier aurait dû inspirer à Claude de judicieuses réflexions ; au lieu de se dire qu'il s'engageait là dans une affaire périlleuse au point de vue de ces intérêts ; au lieu de songer qu'un sorcier qui commande au démon ne doit pas craindre les hommes, le crédule paysan considéra sa tentative comme d'autant plus terrible que Simounen prenait plus de précautions pour en assurer le résultat.

— Allons, lui dit le vieillard au bout d'un instant

il s'agit de nous entendre vite. Tu veux aller au Trou-Noir ?

— Oui !

— Et prendre le trésor d'André ?

— Si ça se peut.

— Ça se pourra, si tu exécutes bien tout ce que je vais t'indiquer.

— Je ferai tout.

— Et tu feras bien, car, songes-y, manquer à une seule de mes conditions, c'est perdre la fortune que tu désires et peut-être exposer ta vie.

Claude ne répondit pas. Il commençait à trembler. Pourtant il se remit, fort, de sa première résolution.

— Dites toujours, père Simounen, reprit-il, après un court silence.

Le sorcier quitta son siège et prit sur la cheminée un petit bouquin imprimé en rouge qu'il ouvrit d'un air solennel.

— Quel est ce livre ? demanda Claude Michu.

— Ce livre, mon fils, c'est le *Dragon rouge* ; c'est le trésor de la science ; c'est le code du sorcier. Là, se trouvent les grandes conjurations qui rendent les esprits obéissants.

Claude Michu ouvrit de grands yeux. Simounen continua.

— C'est dans ce livre que nous allons puiser l'invocation qui doit t'ouvrir les abîmes du Trou-Noir.

— Il faut aussi une baguette, n'est-ce pas maître Simounen ?

Bien des sorciers se servent d'une baguette, ou verge foudroyante ; mais je n'agis pas ainsi. La baguette est bonne tout au plus pour découvrir les sources ; pour les trésors, il faut autre chose.

— Que faut-il donc ?

— Il faut une tête d'âne, mon fils !

— Une tête d'âne !

— Oui, répliqua le sorcier, qui venait de trouver là une excellente occasion pour se procurer un âne, bon marché, comme on le verra tout à l'heure.

— Que fait-on avec cette tête d'âne ?

— On l'offre en sacrifice aux esprits, en la faisant griller sur des charbons ; ce sacrifice décide les démons à répondre aux questions qu'on leur adresse.

— Bah ! fit Claude tout hébété, une tête d'âne !

— C'est comme je te le dis.

— Alors...

— Alors, il faut qu'avant la Saint-Jean tu t'en ailles en ville et que tu achètes au marché un âne de deux ans que tu m'amèneras ici. en le conduisant de la main gauche. Tu m'entends bien ?

— De la main gauche, bon ! Mais que ferez-vous de l'animal ? Vous lui couperez la tête.

— Non pas, je le garderai pour une prochaine occasion et je te remettrai en échange la tête d'un autre baudet que j'aurai préparée en conséquence. Celui que tu m'amèneras sera le prix de la tête magique.

Claude fit la grimace.

— Ça ne te va pas ? fit le sorcier, d'un air fâché. Alors, rien de fait. mon garçon.

— Si, maître Simounen, j'accepte : continuez.

— Quand tu auras la tête d'âne en ton pouvoir, tu l'emporteras chez toi, sans la montrer à personne. Puis tu iras cueillir, au clair de la lune, une branche de verveine dont tu décoreras ton talisman.

— La tête ?

— Sans doute. Ensuite tu te rendras au Trou-Noir, et, après avoir tracé le triangle magique comme je vais te le montrer, tu prononceras la formule indiquée par le *Dragon Rouge*, et que tu vas apprendre

2•

par cœur. — Alors, Lucifer t'apparaîtra et tu pourras lui demander ce que tu désires.

Le sorcier expliqua alors à son adepte comment se construisait le triangle magique, et voici la figure qu'il lui en donna.

Quand Claude fut suffisamment édifié à ce sujet, Simounen passa à la dernière partie de l'initiation. Il ouvrit le terrible *Dragon Rouge* et son doigt se posa sur une page ainsi conçue :

Grande Appellation des Esprits avec lesquels on veut faire pacte, tirée de la grande Clavicule.

Empereur Lucifer, maître de tous les esprits rebelles, je te prie de m'être favorable dans l'appellation que je fais à ton grand ministre Lucifuge Rofocale, ayant envie de faire pacte avec lui, je te prie aussi, prince Belzébuth, de me protéger dans mon entreprise.

O comte Astaroth ! sois-moi propice, et fais que
dans cette nuit, le grand Lucifer m'apparaisse sous
une forme humaine, sans aucune mauvaise odeur, et
qu'il m'accorde, par le moyen du pacte que je vais lui
présenter, toutes les richesses dont j'ai besoin. — O
grand Lucifuge ! je te prie de quitter ta demeure dans
quelque partie du monde qu'elle soit, pour venir me
parler, sinon je t'y contraindrai par la force du grand
Dieu vivant, de son cher Fils et du Saint-Esprit ;
obéis promptement ou tu vas être éternellement tour-
menté par la force des puissantes paroles de la grande
Clavicule de Salomon, dont il se servait pour obliger
les esprits rebelles à recevoir son pacte: ainsi parais
au plus tôt, ou je te vais continuellement tourmenter
par la force de ces puissantes paroles de la Clavicule:
*Agion, Telagram, Vaycheon stimulamaton y es-
pares retragrammaton orgoramirion estyion exis-
tion ergona onera brasim moym messias salar
Emanuel Sabaot Admay, te adoro et invoco.*

Claude Michu eut la patience de passer une partie
de la nuit à apprendre par cœur cette baroque formule.

Quand il la posséda imperturbablement d'un
bout à l'autre, Simounen lui dit :

— Maintenant, garçon, te voilà ferré, les diables du
Trou-Noir n'ont qu'à se bien tenir. Va sans crainte
et dans huit jours tu seras riche.

— Quand reviendrai je ?

— Tu reviendras l'avant-veille de la Saint-Jean.
Tu m'amèneras l'âne que tu auras acheté et tu
m'apporteras quatre pièces de vingt francs neuves.
En échange, je te donnerai la tête magique qui
doit t'ouvrir les portes du trésor

Claude Michu trouva le secret un peu cher. « Un âne

de deux ans et 80 francs, se disait-il, c'est bien payé. »

Il en fit l'observation au sorcier.

— Imbécile, répliqua ce dernier, ce n'est pas 80 francs, c'est 1000 fr., c'est 10.000 fr., que je devrais te demander. Comment ! Je te donne le moyen de gagner des millions et tu marchandes !

Malgré sa crédulité, Claude Michu trouva alors une réplique qui démonta légèrement l'aplomb du faiseur de dupes.

— Mais père Simounen, dit-il, puisque votre recette est si bonne et vaut tant d'argent, pourquoi donc n'avez-vous pas songé à vous en servir vous-même ?

— Pourquoi ?.. Pourquoi ?... balbutia le sorcier étonné de l'objection, parce que...

Puis, reprenant subitement son sang-froid. — Ce mystère-là ne te regarde pas, petit, grommela-t-il.

— Il ne faut pas mettre le nez dans mes affaires, souviens-t'en à l'avenir ; faute de quoi il pourrait t'en cuire.

Cette défaite grossière et cette menace qui l'accompagnait eurent tout l'effet qu'en attendait Simounen.

Claude Michu baissa la tête en disant :

— Excusez-moi, maître Simounen, je ne voulais pas vous offenser.

Puis il prit congé du rusé compère et revint à la ferme au moment où le jour allait paraître.

Le jeudi suivant, Claude Michu se munit de toutes ses économies, les serra dans une bourse de cuir et partit pour la ville, dans l'intention d'acheter l'âne que lui avait demandé le berger magicien.

Après s'être promené pendant une heure ou deux dans le marché, il trouva ce qu'il voulait : un bel âne, âgé de deux ans, solide sur les jarrets et promettant à son acquéreur un utile auxiliaire pour les travaux de la campagne.

C'était bien la brave bête qu'il fallait à Claude Michu, ou plutôt à Simounen, car ce dernier devait profiter seul de la belle acquisition du jeune homme.

Claude marchanda le roussin, le paya comptant et, ayant passé le licol dans la main gauche, l'emmena au village où il le cacha soigneusement dans une écurie abandonnée.

L'avant-veille de la Saint-Jean, vers le soir, il vint chercher la bête, et par un chemin détourné, la conduisit chez Simounen.

— Ah! Ah! s'écria celui-ci, en la voyant, belle bête! tu réussiras, mon garçon, car tu as bien fait les choses.

— Vous trouvez, maître Simounen?

— Oui, aussi vais-je m'acquitter à mon tour mais, j'oubliais : ou sont les 4 pièces de 20 francs?

— Les voici.

Simounen prit l'or, le fit sonner et l'engouffra dans la poche de son gilet, avec une satisfaction évidente.

— Viens, ça, dit-il, ensuite, je vais te remettre la tête magique.

Cette fameuse tête était simplement celle d'une pauvre bourrique qu'on avait abattue peu de jours auparavant, et que Simounen s'était facilement procurée. Il l'avait proprement nettoyée, bourrée de paille et accommodée de façon à satisfaire autant que possible les exigences de la situation.

Il la prit solennellement sur la table où il l'avait exposée, la plaça avec précaution dans un panier et remit le tout à Claude Michu.

Puis il ajouta en manière d'instruction : Tu feras un feu de bruyère, tu y jetteras la tête après avoir prononcé l'invocation que je t'ai apprise. Va, ton affaire est dans le sac, — mais n'oublie rien ou tu perds ta peine et ton argent.

— Bon, fit Claude.

Et il partit plein d'espérance et appelant à lui tout le courage dont il allait avoir besoin la nuit suivante.

Pendant ce temps, le berger se frottait les mains.

— Allons, pensait-il, il y a encore des imbéciles dans ce monde, et si cela continue, le métier de sorcier ne sera pas le plus mauvais.

Claude rentrait tranquillement au village lorsqu'il rencontra, non loin de la ferme, M. Bernard Morand, le pharmacien.

— Bonsoir, Claude, lui dit ce dernier, qui était un ami de son père ; d'où viens-tu comme ça ?

— Bonsoir, monsieur Morand, je viens de la montagne, sauf votre respect.

— Ah ! ah ! Et qu'es-tu allé faire à la montagne, si je ne suis pas trop curieux.

Claude rougit.

— Je suis allé... me promener..., murmura-t-il

— Ah ! ah ! Et ta promenade a été fructueuse, à ce que je vois, puisque tu reviens avec ce lourd panier ?

— Oui... oui.., monsieur Morand, balbutia Claude, qui perdait la tête.

— Qu'as-tu dans ce panier ?... Des fraises, sans doute — c'est la saison...

— Non ! ce ne sont pas des fraises...

— Qu'est-ce donc, alors ? Des cerises ? — Est-ce que tu marauderais par hasard ?

— Oh ! monsieur Morand, moi un maraudeur, pouvez-vous croire ?...

— Je ne crois rien ; — mais tu retires ton panier et tu le caches avec tant de soin, qu'il doit y avoir là-dessous quelque mystère ?...

La timidité de Claude lui était revenue. — Pressé

de questions et trop peu dissimulé pour se tirer d'affaire par un mensonge, il se résolut à tout avouer au pharmacien, en lui demandant le secret.

Bernard Morand l'écouta avec stupéfaction ; il ne pouvait se résigner à comprendre une telle crédulité de la part de Claude, une telle duplicité de la part de Simounen.

— Ainsi, dit-il, quand le jeune homme eut achevé son récit : ce que tu portes là dedans, c'est une tête d'âne ?

— Oui, monsieur Morand.

— Eh bien, mon ami, tu es mieux monté que tu ne penses, — au lieu d'une tête d'âne, tu en as deux.

— Deux ?

— Oui : l'une dans ton panier ; l'autre...

— L'autre ?...

— L'autre sur tes épaules, imbécile ! — Est-ce que tu ne vois pas que Simounen est un vieux filou, qu'il t'a extorqué de l'argent et qu'il s'est moqué de toi ?

— Vous croyez ?

— Il faut être simple comme tu l'es pour faire une pareille question ? — Comment, tu as reçu une certaine instruction, et tu crois encore aux sorciers, aux évocations, aux sorts, aux talismans et à toute la kyrielle cabalistique ? Mais, tu es malade, mon pauvre garçon, il faut te soigner. — Allons, jette-moi vite dans le fossé la tête de bourrique, et souviens-toi que les vrais prodiges aujourd'hui sont ceux qu'accomplissent la science, l'intelligence et le travail.

Malgré cette mercuriale, Claude Michel ne bougea pas.

— Que voulez-vous, monsieur Morand, dit-il,

je me suis promis de tenter l'expérience, et je la tenterai : — je veux en avoir le cœur net.

— A ton aise, mon garçon ! mais, quand tu seras bien persuadé qu'on t'a pris pour une bête, tu viendras me trouver et je te ferai voir, moi, que bien des choses, qu'on pourrait offrir à ton esprit comme des prodiges, ne sont que le résultat d'opérations toutes naturelles. — Va au Trou-Noir ; aies-en le cœur net, comme tu dis.

— Avec votre permission, monsieur Morand.

— Oui, va — et bonne chance !

— Vous ne direz rien à mon père.

— Sois tranquille. — Adieu !

— Puis, en s'en allant :

— Parbleu, mon garçon, pensa le pharmacien, qui aimait à rire, si tu vas chercher des diables au Trou-Noir, je veux que tu sois servi à souhait.

———————

L'heure redoutable arrive trop vite au gré de Claude — A mesure qu'elle s'approchait, il sentait faiblir son audace.

Pourtant il avait pris la chose trop à cœur pour l'abandonner au dernier moment.

Quand les feux de la Saint-Jean s'allumèrent sur la montagne, notre futur sorcier quitta donc la ferme et se dirigea vers le Trou-Noir, situé dans une gorge, à quelque distance du village.

Il avait plu pendant la journée, et la nuit était sans étoiles ; de gros nuages plombés couraient dans le ciel, chassés par un vent assez vif.

Le silence de la campagne, à peine troublé par les cris du grillon ou de la cigale, impressionnait vivement Claude Michu.

Il marchait d'un pas rapide, répétant mentalement la formule du *Dragon rouge*, et regardant d'un œil inquiet autour de lui.

Les arbres plantés au bord du chemin prenaient à ses yeux des apparences fantastiques, et dans les buissons, il lui semblait entendre des soupirs.

Trébuchant, essoufflé, couvert de sueur, il arriva enfin au Trou-Noir : — c'était une espèce de cratère, tapissé à l'intérieur de chênes et de frênes, et dont l'aspect n'avait rien de bien effrayant, quoiqu'il inspirât à Claude Michu une profonde horreur.

L'élève de Simounen, surexcité par le sentiment de la situation, choisit une place dépouillée d'arbres, pour y faire sa conjuration, et ayant allumé un feu de bruyères, il attendit l'heure de minuit.

Pendant cette veille, qui dura près d'une heure, il sembla à Claude Michu que des plaintes s'élevaient du fond du Trou-Noir ; mais il n'y prit pas trop garde, tout occupé qu'il était d'épier le son de la cloche du village qui devait lui apporter les douze coups de l'heure fatale.

Enfin, minuit sonna !...

Aussitôt, Claude jeta la tête magique dans le brasier qu'il avait allumé et prononça d'une voix un peu tremblante la conjuration apprise dans le Livre Rouge.

Puis, il attendit, haletant.

Rien ne parut.

Alors, il reprit l'invocation d'une voix lente.

Il avait à peine achevé, lorsqu'un bruit terrible se fit autour de lui : c'étaient des cris, des hurlements, des grincements de chaînes épouvantables.

En même temps, une forme, couverte d'un grand linceul rouge, se montra devant le brasier, vivement éclairée par une nappe de lumière blanche, qui partait du fond de l'abîme.

— Claude Michu, tu m'as appelé, que me veux-tu ? dit l'apparition, d'une voix terrible.

2

Claude tomba la face contre terre, effrayé de l'effet qu'il avait obtenu.

— Le Trésor ! le Trésor ! murmura-t-il, d'une voix étouffée.

— Avant de te donner le Trésor que tu demandes, il faut que tu sois vainqueur des esprits de l'abîme, reprit la voix. — A moi, les démons du Trou-Noir !

Claude qui s'était relevé, plein de terreur, se vit soudainement entouré par une dizaine de spectres, semblables au premier, qui, se prenant par la main, se mirent à décrire autour de lui une ronde infernale.

— Grâce ! grâce ! cria Claude, à demi mort de peur, en présence de ces figures horribles, éclairées par la lueur surnaturelle qui venait d'en bas.

— Il est à nous ! à nous ! à nous ! hurlèrent des voix sépulcrales.

En même temps, Claude se trouva enlevé de terre par des bras robustes et emporté vers le fond du trou.

Il ferma les yeux et se crut perdu.

Les démons le laissèrent tomber sur l'herbe ; il pensait qu'on allait le jeter dans quelque chaudière bouillante, quand il se sentit au contraire mouillé de la tête aux pieds.

Les malins esprits l'avaient jeté dans un ruisseau qui coulait le long des parois du Trou-Noir.

— Ce bain salutaire lui fit du bien, et il allait se familiariser avec son enfer humide, lorsque la lueur fantastique qui éclairait la scène s'éteignit tout à coup.

Surpris et charmé de l'obscurité et du silence qui succédaient subitement à l'éclat des lumières et au bruit des voix, Claude Michu se leva et fit quelques pas et trébucha.

Alors un immense éclat de rire retentit auprès de lui.

Après quoi, une voix railleuse et gaie, fit entendre ces mots :

— Eh bien, Claude, es-tu content, et mes démons ont-ils bien fait leur affaire ?

Claude reconnaît la voix de Bernard Morand.

— Eh quoi ! s'écria-t-il, M. Morand, c'était vous ?

— Moi-même, et les diables qui t'ont si bien arrangé, ce sont tes amis qui ont bien voulu se joindre à moi pour te donner une petite leçon.

— Mon Dieu ! mon Dieu ! s'écria Claude, honteux de la mystification dont il venait d'être l'objet, je n'oserai plus retourner au village.

— Cela t'apprendra à croire aux contes de grand'mère et aux duperies du vieux Simounen.

— Ah ! vous m'avez fait bien peur, monsieur Morand.

— Tant mieux ! ce remède était violent ; la guérison sera sûre.

— Oh ! je suis guéri, allez.

— A la bonne heure, tu vois qu'il n'y a pas d'autres démons au Trou-Noir que ceux qu'on y amène. Sois, à l'avenir, moins timide, moins crédule et tu réussiras dans ce que tu veux entreprendre, sans avoir besoin de graisser la patte aux sorciers.

— Mais, monsieur Morand qu'était-ce donc que cette lumière diabolique qui nous éclairait tout à l'heure comme le soleil et qui s'est éteinte tout d'un coup ?

— Ce n'était pas de la lumière diabolique, mais simplement de la lumière électrique que je produisais au moyen de l'appareil que voici.

— C'est une merveille !

— Une merveille que je t'expliquerai quand tu voudras.

— Demain, si vous voulez, monsieur Morand, j'ai hâte de m'instruire et d'oublier toutes les sottises de Simounen et toutes les jongleries du *Dragon Rouge*.

— Demain, soit. Pour ce soir, dit le pharmacien, en rassemblant autour de lui les acteurs de la mystification qu'il avait préparée depuis la veille à l'intention de Claude Michu, pour ce soir je vous invite tous à venir prendre chez moi une jatte de vin cuit. Cela nous réchauffera. Gardez à Claude le secret de son aventure, et demain venez avec lui profiter des notions scientifiques que je veux lui donner et des expériences que je veux faire devant lui.

Vous pourrez vous convaincre, grâce à quelques courtes leçons, que toute la force des sorciers réside dans la connaissance de certaines pratiques qui ne sembleront plus merveilleuses lorsque l'instruction se sera vulgarisée.

Ce qui s'est passé entre Simounen et Claude n'est rien auprès de ce que tentent des aventuriers plus forts que notre vieux berger. Aux yeux du vulgaire ils opèrent des prodiges ; ils font parler les esprits, ils changent de place les objets par la seule force de la parole ; ce ne sont après tout que d'habiles prestidigitateurs ou de rusés fripons qui font mauvais usage de leur science en lui prêtant un caractère surnaturel.

Il est peu de phénomènes au monde qui ne puissent s'expliquer suivant les lois naturelles ; c'est ce que je compte vous démontrer, pour vous ôter l'envie de jeter, comme Claude Michu, votre argent par les fenêtres de la sottise.

Tout en courant, Bernard Morand et ses compagnons avaient regagné le village.

Un bol de vin chaud les attendait chez le pharmacien. Tous s'assirent autour de la table ; on but à la santé du héros de la soirée et les paysans se séparèrent, en promettant de se montrer exacts au rendez-vous qui leur avait été donné pour le lendemain.

————

Claude Michu, encore tout penaud de sa mésaventure de la veille, se leva le jour suivant avec la ferme résolution de se corriger de sa crédulité et de ne chercher qu'en lui-même le remède à ses faiblesses d'esprit.

En conséquence, et pour inaugurer immédiatement son nouveau système de conduite, il prit ses plus beaux habits et se dirigea vaillamment vers la maisonnette de Madeloun.

Son cœur battait plus fort à mesure qu'il approchait de la demeure de celle qu'il aimait ; néanmoins il entra d'un pas ferme après avoir heurté deux fois à la porte.

Madeloun et sa mère étaient seules au logis. La belle fille peignait ses longs cheveux bruns devant un petit miroir, tandis que la vieille femme préparait le repas du matin.

A la vue de Claude, Madeloun se retourna.

— Comme te voilà brave, maître Claude, dit-elle au nouveau venu. Qui t'amène de si bonne heure ?

— J'ai à te parler.

— A moi ?

— A toi et à ta mère.

— De quoi s'agit-il ? fit cette dernière, en quittant son ouvrage.

— Je vous le dirai, quand Madeloun m'aura entendu. Puis s'adressant à la jeune fille :

— Viens, fit-il, je veux te conduire à la messe

en passant sur la grand'place je t'achèterai des bagues de Beaucaire. Le marchand est venu aujour-
d'hui.

Ainsi et sans plus de façon s'entame un roman
d'amour dans le bon pays de Provence Les bagues
de Beaucaire, anneaux en verre qui s'achètent
à la douzaine, jouent un grand rôle dans les pré-
liminaires du sentiment. Les offrir c'est presque
dire : je vous aime. Les accepter, c'est à peu près
répondre : moi aussi.

Aussi, en entendant la proposition significative
de Claude Michu, Madeloun ne fut-elle pas médio-
crement surprise.

— Qui t'a rendu si hardi ? lui demanda-t-elle.
Hier, tu n'osais pas me regarder, et voilà qu'aujourd'hui tu me parles comme un galant ?

— Je t'expliquerai cela Madeloun, viens toujours.
D'un regard, la jolie fille consulta sa mère. Celle-
ci, flattée de la préférence de Claude Michu, un
garçon qui avait du bien au soleil, fit un signe affir-
matif, et Madeloun prit sans cérémonie le bras de
Claude, qui lui paraissait un assez joli garçon,
depuis qu'il avait quitté son air timide et gêné.

Les deux jeunes gens s'en furent ainsi le long
des sentiers et sans doute ils s'entendirent à merveille, car lorsque Claude quitta celle qu'il regar-
dait déjà comme sa fiancée, son visage rayonnait,
témoignant hautement de sa satisfaction inté-
rieure.

Le mauvais sort avait cédé, en effet, devant la
fermeté du jeune homme. Il avait fait preuve de
volonté et de hardiesse; il avait trouvé de bonnes et
honnêtes paroles pour peindre son amour à Madeloun, et il lui semblait qu'une nouvelle existence
allait commencer pour lui.

Cet heureux résultat, il le devait à Bernard Mo-

and. Aussi ne manqua-t-il pas de se rendre le soir chez le pharmacien, désireux de profiter de nouveau de ses conseils et de ses enseignements.

Pourtant, ce n'était pas d'amour qu'il devait être question ce soir-là. Le pharmacien s'était promis d'éclairer ses jeunes auditeurs sur divers points qui restent toujours assez obscurs pour les intelligences simples, plus souvent ouvertes aux fables qui se débitent dans les campagnes qu'aux saines données de la science et du raisonnement. Il voulait les mettre en garde contre les croyances naïves; les prémunir contre les manœuvres des diseurs de bonne aventure, des jeteurs de sorts, des marchands de charmes et de toute cette engeance qui spécule sur la superstition et sur la crédulité des gens de la campagne.

Quand Bernard Morand vit son auditoire au complet, il alluma sa pipe, invita les paysans à en faire autant, si bon leur semblait, et commença en ces termes :

« J'ai beaucoup voyagé, mes amis, et comme je suis de ma nature curieux et avide de m'instruire, en voyageant, j'ai beaucoup vu et beaucoup appris. En outre, j'ai étudié une foule de questions dont vous ne soupçonniez même pas l'existence, et que la nature spéciale de mes travaux m'engageait à approfondir. C'est pourquoi je vais pouvoir vous parler aujourd'hui de beaucoup de choses qui vous intéresseront en vous instruisant, et faire devant vous certaines expériences capables de rendre mes théories plus palpables.

Je ne vous dirai pas comme certains, que le diable n'existe pas; la religion nous apprend qu'il y a dans le monde un esprit du mal que notre vertu doit combattre; mais cet esprit-là n'est point celui que vous décrivent les faiseurs de contes : un être noir et cornu se montrant aux hommes qui savent

l'évoquer. Personne ne peut se vanter d'avoir vu
le diable, même ceux qui savent par cœur le *Dragon Rouge* (ici, maître Morand cligna malignement
de l'œil en regardant Claude qui rougit), et pourtant, depuis un temps immémorial, on croit que le
diable se manifeste sous diverses formes parmi
nous. De tout temps, les habiles ont tiré parti de
cette croyance pour exploiter les bonnes gens, ce
qui prouve que de tout temps aussi, il y a eu des
faiseurs de dupes et des imbéciles pour les écouter.

De la foi aux apparitions du démon dérivent les
diverses croyances relatives à l'existence d'êtres
fantastiques, doués suivant les uns de pouvoirs
surnaturels, suivant les autres, animés de l'esprit
infernal.

Leurs noms changent avec les pays où l'on s'en
occupe. Tels sont les *follets*, les *dracs*, les *trèves*
les *farfadets*, les *loups garous*, les *vampires*, les *lutins*, les *elfes*, et une foule d'autres dont je vais
vous dire quelques mots.

Ces renseignements consoleront un peu Claude
Michu de sa sotte équipée de l'autre nuit, en lui
montrant qu'il n'est malheureusement pas le seul
homme au monde qui puisse croire aux billevesées
des conteurs.

Les *follets*, dont je vous parlerai tout d'abord
parce qu'ils sont les plus populaires, sont, suivant
la chronique, des esprits capricieux, bons ou
méchants suivant l'occasion, et prenant volontiers
la forme humaine. On croit qu'en se montrant la
nuit sous l'apparence de lueurs errantes, ils se
plaisent à égarer le voyageur et quelquefois à le
conduire vers des précipices, où il trouve la mort.
On croit aussi que souvent ils se prennent d'amitié pour certaines gens et se mettent bénévolement
à leur service. Les follets font alors tout l'ouvrage

de la maison ; ils récurent les marmites, étrillent les chevaux, balayent la maison, ni plus ni moins qu'un bon domestique à cent écus de gages par an.

Pour parler le langage de la raison, je vous dirai que les flammes errantes auxquelles on donne le nom de *follets*, et que l'on croit appartenir à ces esprits singuliers, sont tout bonnement produites par l'inflammation d'un gaz que nous appelons le *sesquiphosphore d'hydrogène*, gaz qui se forme dans l'intérieur de la terre par la décomposition des matières animales et qui prend feu spontanément, dès qu'il se dégage à la surface du sol.

Si donc vous rencontrez des feux follets, n'en soyez pas effrayés et observez-les comme un des mille phénomènes que la nature offre à chaque instant à votre attention.

Les *dracs* dont vous entendez beaucoup parler en Provence ont la réputation d'être les propriétaires invisibles des rivières et des ruisseaux. On prétend qu'ils habitent au fond des eaux et que, pour attirer les femmes et les enfants, dont ils font leurs principales victimes, ils laissent flotter au milieu des joncs des bijoux d'or ou d'argent. On les nomme aussi les *trèves*. Sous ce nom, il hantent plus particulièrement les maisons inhabitées d'où ils sortent, pendant la nuit, pour faire leurs mauvais coups.

Les *loups garous*, dont je vous ai entendu parler souvent, sont éclos dans l'imagination du moyen âge. On voyait en eux des magiciens qui, doués du pouvoir de revêtir toutes les formes, choisissaient de préférence celle du loup et ainsi métamorphosés, se plaisaient à tourmenter leurs voisins. Je pourrais vous parler encore des *djinns* qui jouent en Orient le rôle de vos lutins ; des *elfes* qui habitent les entrailles de la terre ou les profondeurs du ciel ; des *gobelins* qui inondent les travaux des champs et étouffent les ouvriers au milieu de vapeurs pestilentielles ; du *nickar* norwégien qui soulève les tempêtes ; des *vampires* qui s'abreuvent du sang humain, et de toute l'armée des *revenants*, *spectres*, *larves*, *démons* qui peuplent les légendes populaires, mais je préfère vous montrer, par un exemple écrit, jusqu'à quel point de folie la croyance aux esprits peut pousser un homme.

En 1821, vivait à Paris un homme qui s'était tellement identifié avec le monde surnaturel qu'il en était arrivé à croire que rien ne se faisait ici-bas sans la permission ou sans le secours des esprits, des farfadets auxquels il attribuait une influence souveraine sur les actes les plus simples.

Cet original, ou plutôt, comme je l'ai dit, ce fou et qui se nommait Berbiguier, s'imagina d'écrire un livre dans lequel il dévoilait toutes les ruses, toutes les malices des démons dont il se prétendait obsédé.

J'ai entre les mains ce livre qui est une curiosité rare, et je veux vous en faire lire un passage.

Bernard Morand se leva, ouvrit sa bibliothèque et en tira un petit volume qu'il tendit à Claude Michu.

— Tiens, fit-il, lis à haute voix. Voici l'endroit où le pauvre fou fait la nomenclature des esprits composant la cour infernale.

Et Claude lut ce qui suit :

COUR INFERNALE, PRINCES ET GRANDS DIGNITAIRES

Belzébuth, chef suprême.

Satan, prince détrôné.

Euronome, prince de la mort.

Moloch, prince du pays des larmes.

Pluton, prince du feu.

PAN, prince des incubes,
LILITH, prince des succubes.
LÉONARD, grand maître des sabbats.
BAALBERITH, grand pontife.
PROSERPINE, archi-diablesse.

— Voilà une cour bien composée, interrompit le
pharmacien, et notre homme fait bien les choses
mais, va plus loin, Claude : lis-nous le passage re
latif aux loups-garous.

Claude Michu tourna quelques feuilles et reprit :

« Les sorciers et magiciens devaient autrefois
être plus nombreux qu'aujourd'hui. Il est certain
qu'on comptait parmi eux des rois, des reines, des
princes et des potentats qui partageaient leur travaux ou les protégeaient. Aussi les ménages étaient
presque toujours troublés ou dérangés par l'ap-
proche de ces bandits qui voyageaient par troupes
ou isolément; ils cherchaient à s'emparer des esprits les plus faibles, et comme il y en a dans toutes
les classes de la société, c'est parmi le peuple
qu'il leur était facile de trouver des victimes ; cependant ils en cherchaient parmi les grands, et
pour preuve, je vais en donner un exemple :

« Les misérables s'étaient emparés de l'esprit
d'une femme de condition, en lui persuadant
qu'elle aurait beaucoup de plaisir et d'agrément
à corriger son mari de la passion de la chasse,
qui lui faisait passer des journées entières éloigné
d'elle. Ils lui mirent dans l'esprit de prendre la
forme d'un loup et de se jeter sur le chasseur
quand elle le verrait entrer dans le bois, où il
fallait qu'elle se cachât pour l'attendre.

« L'épouse crédule dit à son mari qu'elle avait
une visite à faire à une dame des environs, et à
l'aide des moyens magiques qu'on lui procura, elle

prit la forme d'un loup et alla se mettre à la piste.

« Par un hasard assez singulier, son mari ne sortit pas ce jour-là : il vit de sa fenêtre passer un de ses amis qui s'en allait chasser, et qui l'invita à partager ce plaisir. Il s'en excusa et le pria de lui rapporter un peu de sa chasse : ce que l'ami promit.

« Le chasseur, s'approchant du bois, fut attaqué par un gros loup; il lui tira un coup de fusil qui ne blessa pas cet animal; mais il s'approcha de lui, le prit par les oreilles, le renversa et lui coupa une patte qu'il mit dans sa gibecière. Lorsqu'il eut fini de chasser, il revint chez son ami, et sortit de la gibecière cette patte de loup qui, à son grand étonnement, se trouva être la main d'une femme, ornée d'un anneau d'or, qui fut reconnu pour appartenir à la femme de celui qui n'avait pas voulu chasser. De violents soupçons s'élevèrent contre elle; on la chercha dans toute la maison, et on la trouva enfin auprès du feu de la cuisine, se chauffant, et ayant soin de cacher sa main dont elle ne pouvait plus se servir. Son mari la lui présenta; elle en fut démontée, elle ne put nier ce qu'elle venait de faire; elle avoua qu'elle s'était effectivement jetée sur le chasseur qu'elle croyait être son mari. Cette affaire causa beaucoup de rumeur dans le pays, la justice s'empara de la femme lui fit son procès, et l'on reconnut qu'elle avait été ensorcelée par les farfadets, dont elle avait suivi les conseils. Et, pour avoir cédé à de tels moyens qui prouvaient sa férocité et sa condescendance, elle fut condamnée à être brûlée pour crime de sorcellerie et de préméditation d'assassinat.

« Les ressources des farfadets sont bien grandes puisqu'ils ont pour eux le pouvoir de l'invisibilité et qu'ils peuvent nous tourmenter sans qu'on se voie, et, à plus forte raison, sans qu'on puisse les saisir. C'est désespérant pour les infortunés qui souffrent ; on doit donc considérer le mal farfadéen comme un mal moral, ce qui est bien plus dangereux qu'un mal physique, dont on peut considérer la cause pour la guérir. On dit vulgairement que le diable est partout ; cela veut dire que tous les lieux de la terre lui sont favorables pour exercer les maléfices qu'il nous prépare et qu'il nous envoie. Il se glisse sous telle forme qui lui plaît, contrefait les personnages qu'il veut. »

Sur un mot de Bernard Morand, Claude suspendit sa lecture.

— Voilà une curieuse rêverie, dit le pharmacien, et vous voyez de quelle jolie façon les contes de ma mère l'Oie ont porté fruit dans l'esprit de notre auteur. Ne vous étonnez pas après cela, si, croyant fermement aux farfadets et animé d'un grand feu de charité pour ses semblables, il a cherché le moyen de sauvegarder ces derniers de l'obsession.

Le remède qu'il a trouvé est aussi plaisant que le reste de sa théorie. Avant de vous le faire connaître, je vous rappelle que Berbiguier était une pauvre cervelle détraquée, et qu'il ne faut voir dans l'exposition de son système qu'une nouvelle curiosité, bonne à étudier, surtout pour ceux qui, comme Claude Michu, ont besoin d'exercer leur raison un peu faible sur des faits capables de la mettre en pleine révolte. Lis donc, mon cher Claude, l'histoire du *Baquet Révélateur* et des *Bouteilles prisons* de Berbiguier.

BAQUET RÉVÉLATEUR ET BOUTEILLES PRISONS

« Qu'entendez-vous par Baquet révélateur et Bouteilles prisons ? me disent la plupart des per-

3

sonnes à qui je parle de ces choses. Je vous l'apprendrai dans mon ouvrage, leur dis-je d'un air mystérieux ; car j'ai cela de bon, que je sais donner à ma figure l'air qui convient à la situation.

« Voulez-vous savoir ce que j'appelle mon Baquet révélateur et mes Bouteilles prisons ? je vais maintenant vous les faire connaître.

« Mon Baquet révélateur est un vase en bois que je remplis d'eau et que je place ensuite sur ma fenêtre ; il me sert à dévoiler les farfadets quand ils sont dans les nuages. J'ai, je crois, déjà assez appris à mes lecteurs quelle était la puissance du bouc émissaire ; les farfadets sautent dessus pour s'élever dans les airs lorsqu'ils veulent s'occuper de leur physique aérienne. C'est donc pour les voir travailler en l'air que j'ai inventé mon Baquet révélateur.

« Ce baquet, rempli d'eau, placé sur ma fenêtre, comme je viens de l'annoncer, me répète, dans l'eau, toutes les opérations de mes ennemis ; je les vois se disputer, sauter, danser et voltiger bien mieux que tous les Fortoso et toutes les Saqui de la terre. Je les vois lorsqu'ils conjurent le temps, lorsqu'ils amoncèlent les nuages, lorsqu'ils allument les éclairs et les tonnerres. L'eau qui est dans le baquet suit tous les mouvements de ces misérables. Je les vois tantôt sous la forme d'un serpent ou d'une anguille, tantôt sous celle d'un santonnet ou d'un oiseau-mouche : je les vois et je ne puis les atteindre ; je me contente de leur dire : Monstres cruels, pourquoi ne puis-je pas vous noyer tous dans ce baquet qui répète vos affreuses iniquités ! Les malheureux que vous persécutez seraient tous en même temps délivrés de vos infamies. Je vous vois dans ce moment, mon baquet est sur ma fenêtre ; Dieu ! quel troupeau de

monstres rassemblés !... Dispersez-vous... Ils se
allient.. Incrédules, regardez donc dans mon baquet, et vous ne me contrarierez plus par vos dé
négations.

« Je passe maintenant à mes bouteilles prisons.
Toutes les opérations dont j'ai déjà rendu compte
ne sont rien en les comparant à celles que je fais
à l'aide de ces bouteilles. Autrefois, je ne tenais
captifs mes ennemis que pendant huit ou quinze
jours ; à présent, je les prive de la liberté pour
toujours, si on ne parvient pas à casser les bouteilles qui les renferment, et je les y emprisonne
par un moyen bien simple ; lorsque je les sens
pendant la nuit marcher et sauter sur mes cou-
vertures je les désoriente en leur jetant du tabac
dans les yeux ; ils ne savent plus alors où ils sont ;
ils tombent comme des mouches sur ma couverture, où je les couvre de tabac ; le lendemain matin, je ramasse bien soigneusement ce tabac avec
une carte, et je le vide dans mes bouteilles, dans
lesquelles je mets aussi du vinaigre et du poivre.
C'est lorsque tout cela est terminé que je cachète
la bouteille avec de la cire d'Espagne, et que je leur
enlève, par ce moyen, toute possibilité de se sous-
traire à l'emprisonnement auquel je les ai condamnés.

« Le tabac leur sert de nourriture, et le vinaigre
les désaltère quand ils ont soif. Ainsi, ils vivent
dans un état de gêne, et ils sont témoins de mes
triomphes journaliers. Je place mes bouteilles de
manière à ce qu'ils puissent voir tout ce que je
fais journellement contre leurs camarades et une
preuve que je n'en impose pas lorsque je dis qu'ils
ne peuvent plus sortir du tabac que je leur ai jeté
pour les couvrir, c'est qu'en présence de M⁰ᵉ Go-
rand, j'ai eu le plaisir de jeter de ce tabac au feu,

et que nous avons entendu les farfadets qui pé-
tillaient dans le brasier comme si on l'avait couvert d'une grande quantité de grains de sel. Je
veux faire présent d'une de m a bouteilles au conservateur du Cabinet d'histoire naturelle : il la
pourra placer dans la ménagerie des animaux
d'une nouvelle espèce : il est vrai qu'il ne pourra
pas les tenir captifs dans une loge, comme on y tient
le tigre et l'ours Martin, mais il les fera voir dans
la bouteille, de laquelle il leur est défendu de
s'échapper.

« Si parmi les curieux qui vont visiter le jardin des
Plantes et le Cabinet d'histoire naturelle, il se trouvait par hasard quelques incrédules ou quelques
farfadets, le conservateur n'aurait pour les convaincre de l'existence des malins esprits dans la prison, qu'à remuer cette bouteille, et entendrait,
comme je l'entends journellement, les cris de mes
prisonniers qui semblent me demander grâce ; les incrédules se tairaient, et les farfadets enrageraient » :

— Je n'ai pas la prétention de m'arrêter longuement sur ce que vous venez d'entendre, dit Bernard
Morand, quand le lecteur se fut arrêté. Il faut en rire
et rien de plus, comme il faut rire de tout ce qui
est conçu et exécuté en dépit du bon sens. La soirée
n'est pas assez avancée pour que nous nous sépa-
rions. Je veux employer le temps qui nous reste à
vous parler des fées et à vous faire connaître la légende de Mélusine, la femme serpent, une des fées
dont se sont le plus particulièrement occupés les
chroniqueurs.

Demain, je vous renseignerai sur les enchante-
ments, les évocations, les divinations, les métamor-
phoses, et autres pratiques de sorcellerie ; vous
verrez, j'ose le croire, que tout cela n'est pas plus
acceptable que l'existence des farfadets.

Le pharmacien replaça le livre de Berbiguier dans la bibliothèque et en prit un autre.

— C'est, reprit-il, en le remettant à Claude Michu qu'il avait, comme on le voit, élevé aux fonctions de lecteur, c'est un mémoire, où se trouve relatée, d'après un récit de Jean d'Arras, imprimé en 1699, la légende de Mélusine. Tu vas nous lire cela tout au long. Laisse-moi te dire d'abord que les fées, appelées *fados*, en idiôme provençal, ont la spécialité de présider aux naissances et d'agir en bien ou en mal sur la destinée de l'enfant auquel elles s'attachent, les mauvaises langues disent aussi qu'elles éprouvent de l'amour pour les hommes, et poursuivent de leur vengeance ceux qui les ont repoussées ou abandonnées. Du reste, vous avez tous lu des contes de Perrault et vous savez, sans plus ample explication, à qui vous avez affaire. Écoutez donc de toutes vos oreilles ; après quoi, je vous dirai bonne nuit.

Et Claude, qui ne se sentait pas fatigué, tant il prenait de plaisir à cet entretien, commença aussitôt l'histoire de la fée Mélusine (1).

HISTOIRE DE LA FÉE MÉLUSINE

« Jean d'Arras, secrétaire du duc de Berri, recueillit en 1387 les traditions populaires sur Mélusine, par l'ordre de Charles V, pour l'amusement de la duchesse de Bar, sœur du roi. Lusignan fut la dernière forteresse que les Anglais possédèrent dans le Poitou ; après la victoire que Duguesclin remporta sur eux à Chizé, et la prise de Niort qui en fut la suite, les Anglais furent obligés de rendre Lusignan, dont la plus

(1) *Notice historique sur les sciences occultes*, par M. de Fontenelle (collection Roret). Précis du roman de Jean d'Arras d'après un mémoire de M. Babinet.

grande partie de la garnison avait péri au combat de Chizé : le Poitou et toutes les provinces cédées à l'Angleterre par le désastreux traité de Brétigny furent délivrées. Ce fut pour célébrer la reddition de la dernière forteresse qui avait servi de point d'appui aux Anglais, que Jean d'Arras composa le roman de Mélusine, que la tradition donnait pour fondatrice à Lusignan.

« D'après l'histoire ou roman qu'il publia, Mélusine était fille d'Elinas roi d'Albanie, et de Perssine Perssine était fée, et fut rencontrée par Elinas à la chasse. En l'épousant, elle lui fit promettre qu'il ne la verrait pas dans ses couches. Perssine donna le jour à trois filles : Mélusine, Méliar et Palestine. Nathas, fils d'un premier lit, jaloux de sa belle-mère, engagea son père à manquer à sa promesse; Elinas entra dans la chambre de sa femme, et au même instant la reine et ses trois filles disparurent.

« Quand Mélusine et ses sœurs furent grandes, leur mère leur raconta leur origine, le manque de foi de leur père, et l'exil dans lequel elles étaient condamnées à vivre, par suite de cette faute. Pour venger les malheurs de leur mère, les trois sœurs saisirent leur père, l'enfermèrent dans une caverne creusée dans une montagne, et l'y condamnèrent à une prison perpétuelle. Perssine irritée du crime de ses filles, et plaignant un époux qu'elle n'avait cessé d'aimer, chassa ses trois filles de sa présence en les maudissant. Mélusine fut condamnée à être, tous les samedis, serpent depuis la ceinture. Cependant, si elle trouvait un époux qui consentît à ne pas la voir le samedi, son supplice finissait avec sa vie; s'il lui manquait de parole, son supplice ne devait finir qu'au jugement dernier. Méliar fu enfermée dans un château d'Arménie, occupée à la garde d'un épervier; et Palestine était destinée à veiller, dans le sein d'une haute montagne, à la conservation d'un trésor, jusqu'à ce qu'un chevalier de la maison de Lusignan vînt la chercher pour conquérir la Terre-Sainte.

« Jean d'Arras ne dit point ce que devint Mélusine après la malédiction de sa mère : il transporte ses lecteurs à la cour d'un comte de Poitiers qu'il nomme Aimery. Ce comte, dans une partie de chasse, égaré dans la forêt de Colombier avec Raimondin, son neveu, fut surpris par la nuit. Versé dans l'astrologie, il consulta les astres, et vit qu'ils promettaient une fortune brillante à celui qui lui donnerait la mort dans cette nuit. A peine avait-il cessé de faire part à Raimondin de cette triste prophétie, que le sanglier qu'on avait poursuivi tout le jour vint attaquer les deux chasseurs égarés. Raimondin se précipite devant son oncle pour le défendre, le sanglier se détourne et va se jeter sur le comte qui s'était saisi d'un épieu. Raimondin le poursuit, le frappe de son épée, mais la lame glisse sur les soies, et le coup atteignait le comte qui fut percé d'outre en outre, au moment où il enferrait le sanglier de son épieu. Raimondin, épouvanté de ce forfait involontaire, monta sur son palefroi, et s'éloigna de ce funeste lieu. Laissant guider son cheval au hasard, il erra jusqu'au lendemain matin, tellement troublé du malheur qui lui était arrivé, qu'il ne voyait rien de ce qui l'environnait : enfin il fut tiré de cet état par un mouvement d'épouvante que fit son coursier; il reconnut alors qu'il était dans un lieu très aventureux. Du pied d'un rocher sourcilleux sortait une fontaine merveilleuse appelée la fontaine de Soif, la fontaine Fée, ou la Font-de-Cé, et renommée pour les prodiges qui s'y opéraient. Là se baignait Mélusine avec deux suivantes : elle fut au-devant de Raimondin, le rassura, lui raconta la prédilection de son oncle et tout ce qui venait de lui arriver. Raimondin, surpris de ce qu'il entendait, crut que la justice divine le poussait dans ce lieu redoutable, pour lui faire subir le châtiment du meurtre de seigneur; mais rassuré de nouveau par la dame, il s'abandonna à ses conseils, et retourna à Poitiers, trouva le peuple plongé dans le deuil : la populace imputant au sanglier la mort de son souverain, brûlait devant la porte de l'église où se faisaient les obsèques du comte, le corps du sanglier, comme *félon* et *faux meurtrier*.

« Raimondin, suivant les conseils de Mélusine, rendit hommage au nouveau comte, et lui demanda de lui octroyer en fief, autant de terrain qu'une peau de cerf pourrait en enceindre. Le comte, regarda cela comme de peu de valeur, ne fit aucune difficulté, et nomma les commissaires qui devaient délivrer ce don à Raimondin. En sortant de l'église de Saint-Hilaire, où le comte recevait le serment de ses nouveaux sujets, un homme se présenta à Raimondin, et lui offrit une peau de cerf; il l'acheta et la donna à un sellier pour la tailler en lanières, ce que l'ouvrier exécuta avec tant d'adresse, que les commissaires furent étonnés quand ils virent combien elles étaient déliées; mais Raimondin représentant la charte que lui avait fait expédier le comte ils furent obligés de l'exécuter littéralement, ainsi que le demandait Raimondin. En arrivant à la fontaine de Soif, ils virent avec surprise que dans ce lieu inhabité, on avait fait une immense tranchée au milieu des forêts séculaires qui le couvraient; à l'instant deux hommes leur apparurent, prirent le cuir de cerf, et suivant la marche que leur indiquait la tranchée ils parcoururent un circuit de deux lieues (8 kilomètres). Retournés au point d'où ils étaient partis, il leur restait un superflu de lanières, ils le déroulèrent pour agrandir le cercle, et au lieu où ils plantèrent le pieu qui devait le fixer il jaillit une fontaine.

et les deux hommes disparurent. Les commissaires, remplis d'étonnement, retournèrent à la cour du comte, et racontèrent les merveilles dont ils avaient été témoins. Quelques jours après, Raimondin revint à Poitiers, invita le comte et toute sa cour à ses noces avec Mélusine, ce qui mit le comble à la surprise qu'avait produite le récit des commissaires. Le comte demanda à Raimondin quels étaient la naissance et l'état de sa nouvelle épouse; il refusa de répondre, et dès lors tout le monde fut persuadé qu'il avait trouvé une aventure près de la Fontaine-Fée. Les noces se firent avec toute la pompe possible; le comte et les seigneurs qui l'acccompagnaient admiraient l'élégance et le nombre des pavillons préparés en si peu de temps pour recevoir si noble compagnie, et ne pouvaient comprendre d'où venait la multitude des serviteurs qui s'empressaient de pourvoir aux besoins des dames et des chevaliers que la renommée de l'événement avait attirés à ces noces merveilleuses. Les grâces de Mélusine captivèrent tous les cœurs, et le comte, qui n'avait d'abord vu qu'avec peine une femme inconnue entrer dans sa famille, laissa les nouveaux époux, persuadé qu'une telle alliance ne pouvait être qu'à l'honneur de son lignage.

«Nous ne devons pas oublier ici que Mélusine, avant de consentir à son mariage avec Raimondin, lui avait fait jurer que jamais il ne la verrait le samedi, ni ne s'inquiéterait de ce qu'elle deviendrait. Mélusine, outre les richesses dont elle combla Raimondin, lui donna comme présent nuptial » *deux verges desquelles les pierres avaient grande vertu. L'une, que celui à qui elle sera donnée par amour, ne pourra mourir par nuls coups d'armes; l'autre, que celui à qui elle sera donnée, aura victoire* nir ses malveillants, soit en plaids, soit en mêlée.

Après le départ du comte de Poitiers, Mélusine apprit à Raimondin que son père était originaire de Bretagne, qu'il y possédait de grands biens, dont il avait été dépouillé par suite d'un complot ourdi contre lui par un seigneur breton nommé Josselin, qui possédait toute la confiance du roi de Bretagne, et à qui l'on avait donné les biens confisqués sur son père. Raimondin, par les conseils de Mélusine, alla en Bretagne redemander l'héritage de ses aïeux. Le roi, pour connaître la vérité des réclamations du chevalier étranger, ordonna le combat judiciaire entre Raimondin et le fils de Josselin. Raimondin fut vainqueur, et demanda la grâce des vaincus; mais le roi était trop bon justicier, pour ne pas faire pendre sur-le-champ Josselin et son fils déclarés traîtres par le jugement de Dieu. Le roi breton fit tous ses efforts pour fixer près de lui un si brave chevalier, mais l'amour de Mélusine rappelait Raimondin près le rocher de la Fontaine-Fée : il donna les terres qu'il venait de conquérir, à deux de ses cousins qui demeuraient en Bretagne, et laissa le roi aussi plein d'admiration de son courage, que surpris de sa générosité. Les parents de Josselin, voulant venger la honte dont Raimondin les avait couverts, lui dressèrent à son retour une embûche qu'il dissipa par sa valeur. Pendant son absence, Mélusine n'était pas restée oisive : à l'aide des ouvriers que sa puissance magique mettait à ses ordres, elle avait bâti en quelques jours un magnifique château sur la montagne et le rocher qui dominaient la Fontaine de Soif. Raimondin, à son retour, crut que ses yeux l'abusaient en voyant une forteresse, et du haut de ses donjons élevés, entendant résonner le cor de la sentinelle, dans un lieu que naguère il avait laissé désert. Le nouveau château fut nommé Lu-

signan. Raimondin y jouit longtemps de la puissance et de la gloire que la sagesse de Mélusine
lui procurait, il en eut neuf enfants : l'aîné Uriana,
fut roi de Chypre ; le second, Guyon, roi d'Arménie ; le troisième, Regnault, roi de Bretagne ; le
quatrième, Geoffroy à la Grand'dent, seigneur
de Lusignan ; le cinquième, Fraimon, moine à
Maillezais ; le sixième, Antoine, duc de Luxem-
bourg ; le septième, Raimond, comte de Forêts ;
le huitième, Thierry, seigneur de Parthenay ; et le
neuvième, qu'on appela l'Horrible, parce qu'il
n'avait qu'un œil au milieu du front, fut mis à
mort d'après les ordres que donna sa mère au
moment où elle s'envola moitié femme et moitié
serpent. Sa science magique lui avait appris que,
s'il vivait, il détruirait tout ce qu'elle avait fait
pour la grandeur de sa maison : il fut étouffé sous
du foin mouillé auquel on avait mis le feu, et en-
terré dans l'abbaye de Moutierneuf, à Poitiers.

« Mélusine et Raimondin vivaient heureux,
quand l'envie vint troubler leur félicité. Le comte
de Forêts, frère aîné de Raimondin, jaloux de sa
prospérité, ayant su que tous les samedis Mélusine disparaissait, et que personne ne savait ce
qu'elle devenait, fit naître dans l'esprit de son
frère des soupçons sur la fidélité de sa femme.
Raimondin, enflammé de jalousie, pénètre dans
les salles les plus reculées du château, lieux re-
doutables où il n'avait jamais osé s'avancer ; il est
arrêté par d'énormes portes d'airain ; furieux et
croyant voir dans ces précautions la preuve de
l'accusation dirigée contre son épouse, il tire son
épée, et appuyant la pointe contre la porte, il
tourne sa lame et fait un trou, qui révèle à son
œil indiscret le plus déplorable mystère : il voit
Mélusine qui faisait sa pénitence moitié femme

et moitié serpent. Elle se débattait dans un large bassin, dont elle faisait jaillir l'eau jusqu'aux voûtes de la salle. Raimondin, saisi de pitié et d'épouvante, de voir une si noble dame dans un misérable état, bouche le trou fatal ; sa fureur se tourna contre son frère qu'il chassa de sa présence, en le menaçant de la mort, s'il retourne jamais dans les lieux soumis à son pouvoir ; mais, comme le funeste secret ne lui était pas échappé, le charme n'était pas rompu, et après une nuit pleine d'angoisses, il vit Mélusine revenir le trouver comme à l'ordinaire, il espérait encore le bonheur, quand un malheur domestique vint tout perdre.

« Geoffroy irrité de ce que Fraimon s'était fait moine, va à l'abbaye de Maillezais, et trouvant les religieux réunis pour les offices divins, il fait un énorme bûcher autour de l'église et la réduit en cendres avec les moines et le couvent ; Raimondin, détestant cet attentat, reproche publiquement à Mélusine, qu'elle et sa postérité ne sont que fantômes, qu'il a été déçu par ses charmes et sortilèges et dévoile le secret de sa pénitence du samedi. Alors la destinée de Mélusine s'accomplit, la malédiction maternelle retombe sur elle ; elle s'élance par une fenêtre sur laquelle reste empreinte la forme de son pied, et s'envole moitié femme et moitié serpent. Raimondin, revenu de la colère, resta dans un long abattement, à l'aspect des désastres qu'il venait d'appeler sur sa tête ; et pour expier autant qu'il le pouvait le malheur dont il avait frappé une femme qui l'avait comblé de bienfaits, il renonce à sa toute puissance ; va faire un pèlerinage à Rome, et se rend ensuite dans une solitude près de la ville de Montferrat. Quant à Mélusine, elle n'avait plus d'habitation connue sur la terre : réduite jusqu'au jugement dernier à l'état monstrueux où l'avait jetée la malédic tion de sa mère, sa tendresse pour ses jeunes enfants la rappelait près de leur berceau, et leurs nourrices l'ont vue souvent traîner silencieusement son énorme queue dans leur chambre et leur prodiguer pendant la nuit ses soins maternels.

« Dans les siècles suivants, quand une calamité menaçait sa postérité, on l'entendait au milieu d'une nuit orageuse, errer gémissante autour des créneaux du château de Lusignan. Une apparition bien constatée, s'il en existe, est l'aventure suivante. Après que les succès dus à la sagesse de Charles V et à la bravoure de son connétable, eurent abattu la puissance anglaise sur le continent, Jean, duc de Berri et comte de Poitou, se présenta avec une armée sous les murs de Lusignan, seule forteresse que les Anglais tinssent encore dans le Poitou. Serville, qui y commandait, fut obligé de capituler ; il raconta au duc de Berri que, la nuit précédente, un monstre moitié femme et moitié serpent lui avait apparu ; qu'avec sa queue longue de 8 à 9 pieds il frappait sur le lit dans lequel il était couché ; qu'alors il prit son épée pour se défendre ; mais que la *serpente* ne lui fit aucun mal ; qu'elle alla se chauffer près d'un grand feu qui éclairait toute la chambre, qu'elle y resta toute la nuit ; que même pendant quelque temps, elle reprit la forme humaine ; mais qu'elle n'était vêtue que d'étoffes grossières, comme une pénitente, et paraissait ne pouvoir rester en place. « Comment, « Serville, répondit le duc de Berri, vous qui avez « été en tant de places, avez-vous eu peur de cette « serpente ? C'est la dame de cette forteresse qui « la fit édifier : sachez qu'elle ne vous fera jamais « de mal ; elle vous veut montrer comment il vous « fallait dessaisir de cette place. »

« Serville ajouta alors qu'une femme du pays,

avec laquelle il charmait les ennuis de la garnison,
avait été témoin de l'apparition et n'avait manifesté aucune crainte. Pour ne pas douter de la réalité de ce fait, il faut se rappeler que Jean d'Arras,
étant secrétaire du duc de Berri, écrivait par ordre
de Charles V, vainqueur des Anglais, et que, lors de
cette apparition, Mélusine, loin d'être gémissante,
reçut un allégement à ses peines, parce qu'elle
put un instant reprendre sa forme naturelle, sans
doute parce que le château qu'elle avait construit,
allait être délivré du joug de l'étranger. »

Tel est la fidèle analyse du récit de Jean d'Arras.

On y retrouve tout le moyen âge avec sa crédulité naïve et son imagination pleine de merveilles.

———————

Le jour suivant, Bernard Morand débuta ainsi :

— Toi, Claude Michu, qui as le désir de te faire
bien venir de Madeloun, ta jolie commère, je vais
t'apprendre une conjuration magique, dont on se
servait, en Allemagne, au temps jadis, pour se
faire aimer des filles.

On prenait un cheveu de sa bien-aimée, on le plaçait sous ses vêtements, puis on faisait une confession générale ; — puis encore on faisait dire trois
messes pendant lesquelles on mettait le cheveu autour de son cou. Au dernier évangile, on allumait
un cierge bénit et l'on disait : O cierge, je te conjure par la vertu du Dieu tout-puissant, par les neuf
chaînes des anges, par la vertu gardienne, de m'amener celle que j'aime, afin qu'elle m'appartienne.

Que penses-tu de ce procédé, Claude Michu ?

— Je pense, monsieur Morand, que vous vous
moquez de moi.

— Je ne me moque pas de toi ; je ne fais que
te rapporter une pratique dont beaucoup d'amoureux transis se sont servis. Tu m'accorderas bien

qu'elle n'est pas plus ridicule que celle du *Dragon Rouge*, et qu'il n'est pas plus sot de faire brûler un cierge que de faire griller une tête d'âne comme tu l'as expérimenté au Trou-Noir?

Et comme Claude baissait la tête plein de honte :

— Allons, reprit Morand, remets-toi ; je voulais rire un peu avant de nous entretenir des nombreuses formules de divination ou d'enchantement employées par les amateurs de merveilleux à toutes les époques.

La divination a toujours joui d'une grande faveur auprès des esprits faibles.

Connaître l'avenir, voilà pour beaucoup de gens l'affaire importante de la vie. Ils ne songent pas que l'avenir appartient à Dieu et que le devoir de l'homme est de vivre honnêtement dans le présent en laissant à la Providence le soin des choses futures.

Le ciel nous eût fait un présent funeste s'il nous eût donné le pouvoir de lire dans notre destinée. C'eût été nous refuser le bonheur ; car quel homme serait assez hardi pour supporter sans faiblir le poids d'une science qui lui permettrait de sonder les mystères du temps. Il connaîtrait d'avance les épreuves par lesquelles il doit passer, il saurait quel terme est assigné à ses jours, et cette connaissance lui rendrait l'existence insupportable ; il calculerait les heures qui lui restent et vivrait sans cette espérance dans laquelle l'esprit trouve ses plus douces satisfactions.

Les anciens ont beaucoup pratiqué la divination. — Les météores, la forme des nuages étaient des signes qu'ils interprétaient suivant leurs divers aspects. Ils faisaient aussi des prédictions au moyen de l'alectoromancie ; c'est-à-dire en décrivant sur la terre un cercle qui se divisait en

24 parties, dans chacune desquelles on plaçait une lettre de l'alphabet et un grain de blé.

Un coq était ensuite introduit dans le cercle et à mesure que le coq mangeait un des grains, on notait la lettre que ce grain recouvrait. Les lettres assemblées formaient l'élément de la prédiction.

Ils connaissaient encore la divination par le sel. C'était un mauvais présage que d'oublier de placer les salières sur la table, ou que de s'endormir avant qu'elles fussent retirées. A notre époque, les gens superstitieux s'effrayent encore d'une salière renversée; il n'y a d'autre malheur là-dedans que la perte de la salière quand elle se casse, ou celle du sel quand il se répand.

Mais le goût de la divination ne se bornait pas toujours à ces innocentes remarques; il a fait commettre des crimes, car bien souvent on a voulu chercher dans les entrailles humaines le secret des destinées futures.

Les sacrifices humains offerts par les Druides, nos ancêtres, ont ensanglanté le sol que nous cultivons aujourd'hui, et des milliers d'innocents sont tombés victimes d'un préjugé barbare que le christianisme seul a pu détruire.

Les astres, les nombres, les couleurs, le vol des oiseaux, les plantes, ont servi à la divination.

En ce qui concerne les plantes, on peut, sans tourner au sorcier, partager sur un point la confiance qu'on leur accordait. Ainsi, il est positif qu'en examinant certaines plantes, on peut d'une manière à peu près exacte, indiquer l'heure qu'il est. Mais il n'y a rien de merveilleux dans ce fait; il est purement scientifique et basé sur des notions acquises à l'égard des habitudes des végétaux.

On a reconnu, en effet, que les corolles des fleurs s'ouvrent et se ferment à heure fixe. Avec quelques connaissances en botanique, on peut composer une horloge florale et se passer de montre ou de cadran solaire. Linné s'est donné ce divertissement et a dressé un tableau où, en regard des noms des plantes observées, se trouvent inscrites les heures de jour et de nuit auxquelles ces plantes s'ouvrent ou se ferment.

Les fleurs m'ont souvent appris à moi-même, pendant mes longues promenades, qu'il était temps de revenir au logis.

Ainsi, en voyant le nymphéa blanc replier son calice, je me disais : je suis en retard, il est cinq heures ; car le nymphéa, qui s'épanouit à sept heures du matin, se referme à cinq heures du soir.

Toutes les heures sont indiquées de la même façon.

Il est des plantes qui marquent plus spécialement les heures de nuit. Ce sont, par exemple, le géranium triste, le silène noctiflora et le cactus à grande fleur, qui éclosent à six, à neuf et à dix heures.

J'imagine que vous ne pensiez pas avoir autour de vous d'aussi charmantes horloges ; un jour je vous apprendrai à les utiliser d'une manière complète : permettez-moi maintenant de parler de songes dont on prétend encore tirer des avertissements concluants.

Ne croyez pas à l'interprétation des songes, mes amis ; n'achetez jamais ces traités absurdes où l'on se flatte de nous dévoiler la signification des images nocturnes ; avec un peu de raisonnement, vous vous convaincrez bientôt de l'inanité des observations de ce genre. Ce que l'on voit en songe, songez y bien, ce n'est pas une représentation des événements futurs, c'est une peinture tantôt vague, tantôt exagérée des événements passés, et je mets en fait qu'il n'est pas de rêves dont on ne puisse reconstituer les éléments. Le rôle de l'âme dans les songes est assez inexplicable. Il est certain cependant, qu'en cette situa-

tion, et en dépit de l'inertie physique et de cette insen-
sibilité morale qui ressemble à la mort, l'imagination
surexcitée par une cause quelconque continue à
agir spontanément. Mais elle agit sans direction ; elle
flotte pour ainsi dire dans le vague et reçoit, comme
un miroir un peu trouble, l'image confuse des faits
accomplis ou des pensées ébauchées pendant la journée. Quelquefois, elle remonte assez loin dans le
passé. Un fait lui revient, un fait oublié même pendant la veille, et elle le reproduit en l'accompa-
gnant de détails et de circonstances, créés le plus
souvent par une sensation matérielle.

C'est ainsi qu'après s'être endormi sous des cou-
vertures trop lourdes, on éprouve parfois un sentiment de gêne ou même d'angoisse inexprimable.
Alors, on se croit serré par une main de fer : l'imagination vous montre un lutin accroupi sur vous et
piétinant votre poitrine : c'est le cauchemar ; on se
réveille en sursaut, le front en sueur, la respira-
tion haletante ; on rejette loin de soi la couverture
trop lourde ; la cause du mal a disparu ; on se
rendort tranquillement.

Cependant, dans un cas pareil, allez consulter un
sorcier comme le père Simounen ; il trouvera une
foule de significations à donner à votre cauchemar ; il
ne vous dira pas : Vous étiez trop couvert : il prendra
un air solennel et vous affirmera sans rire, que vous
avez des ennemis, que ces ennemis vous poursuivent
et se préparent à vous faire bien du mal (ce qui est su-
rabondamment prouvé par la sensation anxieuse
dont vous avez eu à souffrir) ; il vous demandera
trente sous pour la consultation) ; vous les lui don-
nerez et vous prouverez une fois de plus qu'il y a encore des sots en ce monde.

Tenez, il faut que je vous raconte l'un de mes rêves
et les études auxquelles je me suis livré à son sujet.

Vous verrez par quelle induction je suis arrivé à m'expliquer ce qui au premier abord me semblait inexplicable.

Voici ce rêve :

J'étais dans une grande plaine, couverte de fleurs odorantes et peuplée de papillons aux ailes étincelantes : un grand sentiment de bien-être réjouissait mon âme et je marchais lentement, lorsque je m'aperçus que je n'étais pas seul. Un homme venait derrière moi, me suivant pas à pas ; bientôt cet homme appuya sa main sur mon épaule et se mit à me pousser en avant. Le mouvement qu'il m'imprima fut d'abord presque insensible ; puis il s'accéléra et acquit une rapidité vertigineuse. J'allais plus rapide que le vent, et tout en courant il me semblait que je perdais terre et que mes pieds s'agitaient dans le vide. Je ne courais plus, je volais. Je volais en tournoyant, et bientôt je ne distinguai plus rien autour de moi : le cœur me manqua et j'allais m'évanouir, quand je me vis soudainement assis devant une table chargée de fruits et de fleurs, en face d'un Turc qui fumait gravement sa pipe et qui m'invita, pour me rafraîchir, à accepter un sorbet. J'obéissais, lorsqu'un nègre entra dans l'endroit où nous étions, apportant une longue aiguille avec laquelle il nettoya la pipe de mon hôte. Ce dernier prit ensuite l'aiguille et me la montrant :

— Tu vois, dit-il, c'est pour compléter ma collection.

Et sans plus de façon, il me passa l'aiguille au travers du corps. Je ne souffris pas ; mais je me mis à agiter lentement les bras et les jambes ; puis, je tombai en avant et la pointe de l'aiguille s'appuyant à terre, se mit à tourner, en imprimant à mon corps, dans lequel elle était comme soudée, un rapide mouvement de rotation. Je perdis pour un instant le sentiment de ma situation et je me trouvai dans une église où une grande foule était rassemblée. Je voulais percer cette foule pour gagner la porte, lorsqu'il me sembla que les murs se resserraient sur moi et allaient m'étouffer. Je voulais crier à l'aide; ma voix s'arrêta dans ma gorge : je fis un effort pour pousser un cri qui devait me sauver et cet effort me réveilla.

Il était grand jour : je me levai, et tout en me mettant au travail, je songeai à cet amphigouri que je viens de vous raconter.

— Bien sûr, pensais-je, si je consultais un devin au sujet du rêve de cette nuit, il ne manquerait pas de me dire de belles choses. Voir des fleurs est un heureux présage; entrer dans une église n'en est pas toujours un bon; ce Turc qui m'a embroché, après m'avoir offert un sorbet, c'est un ennemi qui veut ma perte et qui me cajole pour mieux m'atteindre.

Toute réflexion faite, j'appliquai à mon rêve ma méthode habituelle: je reconstituai la journée de la veille, et, comme vous allez le voir, j'y retrouvai tous les principes de mes visions nocturnes.

La plaine couverte de fleurs, c'était mon jardin où je m'étais promené pendant une heure le matin; tout en me promenant, je m'étais pris à réfléchir à la locomotion aérienne; j'avais songé au principe qui fait que les oiseaux, plus lourds que l'air, se soutiennent dans l'espace par le mouvement de leurs ailes; passant de ces principes à celui de gravitation des corps, je m'étais amusé à suivre le jet d'une pierre violemment lancée, et à calculer combien de secondes elle met à redescendre au point de départ : ceci me donnait l'explication facile de ma transformation en homme volant. Mon imagination livrée à elle-même pendant le sommeil, m'avait substitué à l'oiseau, et je m'étais vu à mon tour lancé dans l'espace et m'y soutenant naturellement.

Mais le Turc ? Que venait faire le Turc dans cette affaire ? J'y réfléchis longtemps et je parvins à comprendre d'où venait le Turc.

En lisant mon journal, j'avais trouvé, aux nouvelles étrangères, le récit d'une fête offerte à Constantinople, par le sultan, au nouvel ambassadeur de France. Cette fête m'avait fait penser aux contes des *Mille et une Nuits* et à toutes les splendeurs de la vie orientale. Cette rêverie m'avait certainement valu l'intervention inattendue de mon Turc

Mais pourquoi mon Turc me perçait-il d'une ai. guille ?

Justes représailles ! parce que moi-même j'avais piqué sur un liège, le jour même, un magnifique coléoptère, recueilli dans le champ du père Michu. La pauvre bête, quoique percée de part en part, continuait à agiter ses antennes et ses élytres, comme moi-même j'agitais les bras et les jambes après mon supplice.

Le mouvement rotatoire imprimé au pal qui me transperçait était une réminiscence de la première partie de mon rêve ; je revenais machinalement à mes pensées sur la gravitation

Cependant la situation était critique : à force de tourner comme une toupie, j'avais senti la force m'échapper, et il m'avait semblé que j'allais mourir. L'idée de la mort avait fait naître en moi une pensée religieuse, voilà comment j'explique ma présence spontanée dans une église, vers la fin de mon excursion dans le pays des songes.

L'église expliquée, reste à justifier l'angoisse produite par le resserrement des murailles prêtes à m'étouffer, angoisse tenant du cauchemar. Ici, ma tâche est facile.

En me démenant dans mon rôle de toupie,

j'avais glissé dans la ruelle et je me trouvais pris
entre la muraille et le bois du lit. La pression toujours plus forte à mesure que je m'enfonçais davantage, m'avait procuré la sensation pénible dont
j'ai parlé.

Ainsi, mes amis, j'avais pu tout enchaîner.

Rien ne tenait à l'avenir dans mon rêve : tout,
au contraire, se rattachait au passé.

Si je me suis étendu aussi longuement sur ce
sujet, c'est afin de vous convaincre qu'il ne faut
jamais vous effrayer de ces rêves, et en chercher
l'explication au delà d'une succession de faits na-
turels qui se sont produits en vous ou autour de
vous, pendant une période récente.

Vous écarterez donc comme tous les autres pro-
cédés de divination, ceux que les malins de la
famille de Simounen voudraient baser sur l'interprétation des songes.

Je condamne en principe tous les genres de divination ; je n'ai donc besoin de m'étendre ni sur
la cartomancie, qui augure de l'avenir, d'après la
combinaison des cartes à jouer ; ni sur la chiromancie, qui le lit dans les lignes de la main ; ni sur
la nécromancie, qui a pour but d'évoquer les
âmes des morts pous les interroger ; ni sur
les autres pratiques offertes à la crédulité des adeptes.

Je veux faire devant vous diverses expériences qui
n'auraient pu être tentées sans danger pour l'opérateur, il y a deux siècles. A cette époque, il suffisait
d'être un peu plus savant que de raison pour mériter
la dangereuse qualification de sorcier. Or, les sorciers étaient brûlés vifs sur la place publique, et
si le métier était productif, avouez qu'il n'était
pas bon au point de vue de la sécurité de celui qui l'exerçait. Il y avait, parmi les sorciers, je le sais, des misérables qui faisaient

métier d'empoisonneurs, et dont la perte n'était nullement déplorable ; mais combien de pauvres gens furent condamnés au feu, qui n'avaient contre eux que leur intelligence et leur savoir ? Albert le Grand, qui fut un saint homme et un savant illustre, faillit plusieurs fois encourir une accusation de sorcellerie, parce que, très versé dans les arts mécaniques, il avait inventé des automates et des machines où l'ignorance publique croyait voir l'œuvre des démons. Del Rio assure, qu'en 1515, à Genève, plus de cinq cents personnes périrent comme convaincues de magie. On brûla jusqu'à des enfants que l'on supposait coupables de pratiques infernales. Les procès d'Edelin, d'Urbain Grandier, du maréchal d'Ancre et de bien d'autres, sont de tristes exemples de la passion qui aveuglait les esprits.

Bien souvent, il est vrai, comme lorsqu'il s'agit du dernier personnage que je viens de rappeler, l'accusation de magie servait à déguiser une vengeance politique ou privée ; mais il faut détourner les yeux de ces horreurs pour les reporter sur les bienfaits de la civilisation dont nous jouissons aujourd'hui.

De nos jours, on ne croit guère au merveilleux ; aussi laisse-t-ou les utopies se produire au grand jour. Les esprits frappeurs, les tables tournantes ont leurs adeptes. On leur permet de proclamer leurs doctrines, qui doivent échouer devant la seule raison. Quant aux devins populaires, aux faiseurs de contes bleus, aux sorciers du rang de Simounen, on tâche de détruire leur influence en généralisant l'instruction. Tant qu'ils se bornent à débiter leurs absurdités aux cervelles bien disposées, on les laisse faire en se moquant d'eux ; mais s'ils s'avisent de faire commerce de leur prétendu savoir, la loi, qui, à juste titre, app....... ce commerce de l'escroquerie, la loi les atteint et les punit.

C'est ce qui ne manquera pas d'arriver un de ces jours à Simounen, s'il s'avise encore de jouer à quelqu'un le mauvais tour dont Claude Michu a été la dupe.

Sur ce, mes amis, allez dormir et ne faites pas de mauvais rêves.

Je vous invite à venir demain assister à mes démonstrations. Vous vous convaincrez que la science, doublée d'un peu d'adresse, n'est pas autre chose que ce que l'on appelait autrefois LA MAGIE.

———

Quand Claude Michu et ses autres amis se trouvèrent réunis pour la troisième fois chez Bernard Morand, le pharmacien ne les reçut pas dans la pièce où avaient eu lieu les réunions précédentes, il les fit entrer dans un vaste laboratoire, ménagé derrière son logement, et dans lequel il avait rassemblé tous les instruments et tous les appareils indispensables à ses études scientifiques.

L'aspect des machines électriques et pneumatiques, des piles, des électro-aimants, des cornues et des ballons, étonna beaucoup les visiteurs qui n'avaient jamais rien vu de pareil.

Avant qu'ils l'eussent interrogé, le pharmacien leur dit :

— Tout ce que vous voyez ici, mes amis, est destiné à des travaux fort sérieux, auxquels je vous initierai peut-être plus tard. Pour le moment, je ne veux faire avec vous que de la science amusante ; et, pour commencer, je vais vous montrer un tableau magique.

Bernard Morand prit alors un cadre accroché à la muraille, et le fit passer sous les yeux des auditeurs. Le cadre contenait un dessin au trait repré-

sentant l'*hiver*. On y voyait, autour d'une maisonnette, des arbres et des buissons dépouillés de leurs
feuilles. Aucun oiseau ne se montrait dans le ciel
d'une teinte grise et triste. Devant la cabane, nulle
trace de l'homme. Le paysage semblait désert.

— Eh bien ! Claude Michu, demanda Morand,
que penses-tu de ce tableau ?

— Je dis, Monsieur, que je me sens froid rien
qu'à le regarder. Il doit geler joliment dans cette
cabane.

— En effet : c'est l'hiver.

— Et un bon hiver, à ce qu'il me semble. On a
dû faire ce tableau là au mois de janvier.

— Sans doute. Eh bien ! que dirais-tu si je me
chargeais, sans toucher ce dessin, sans l'enlever
de son cadre, de changer cet hiver en printemps
et de lui donner la vie qui lui manque ?

— Parbleu ! je dirais que vous êtes un grand
sorcier.

— Je suis un grand sorcier, comme tu dis. Que
faudrait-il aux arbres pour reverdir?

— Du soleil.

— Du soleil, parce que le soleil, c'est la chaleur
qui vivifie. Nous n'avons pas de soleil ; mais nous
pouvons nous procurer de la chaleur et faire
pousser les feuilles.

— Est-ce possible !

— Tu vas voir. Prends dans ce coin cette lampe
à réflecteur et allume-la. Elle donnera une chaleur
assez forte pour ce que nous voulons faire.

Claude obéit, et Bernard Morand ayant placé le
tableau à une courte distance de la lampe, qui le
chauffait doucement, dit aux paysans :

— Regardez et attendez. Le printemps s'avance.

Tous les yeux se fixèrent vers l'image ; elle resta
un instant telle qu'on l'avait vue précédemment,

4

puis, peu à peu, les feuilles poussèrent, comme
par enchantement, sur les arbres et sur les buissons ; de petits bonshommes, à l'allure pleine de
gaieté, semblèrent sortir du papier, le ciel se
peupla d'oiseaux aux ailes étendues, et on vit la
lueur rose de l'aurore apparaître à l'horizon.
C'était le printemps dans toute sa splendeur. Il ne
restait plus rien du dessin primitif.

Les assistants poussèrent un seul cri de surprise.

— Comment cela se peut-il ! exclama Claude,
en regardant son ami Morand d'un air presque
épouvanté.

— Ne fais pas les yeux ronds, mon garçon, dit le
pharmacien, et ne me prends pas pour un damné.

L'effet qui vient de se produire est des plus
simples, et je vais te l'expliquer.

Pour faire ce tableau changeant, on dessine
d'abord à l'encre noire le paysage d'hiver que tu as
vu ; puis, avec d'autres encres qu'on appelle *encres
de sympathie*, dont je t'expliquerai la composition,
et auxquelles on donne toutes les couleurs désirables, on peint les feuilles, les personnages, les
oiseaux et le fond du ciel. Ces encres ont la pro-
priété de devenir invisibles en séchant et de repa-
raître, dans tout leur éclat, lorsqu'on les expose
au soleil ou à l'action d'une chaleur modérée.

C'est ce qui t'explique pourquoi ce paysage,
noir tout à l'heure, a subitement revêtu toutes les
nuances que tu vois. Il n'y a rien de merveilleux
en ceci ; il n'y a que l'application adroite d'un procédé chimique. Veux-tu maintenant que je te
montre comment on peut enflammer un morceau
de métal en le jetant simplement dans une cuvette
d'eau froide ?

— Ceci me semble plus curieux encore.

— C'est pourtant plus élémentaire. Voici l'objet

Et Bernard Morand prit, dans une capsule de porcelaine, un morceau de ce métal connu sous le nom de *potassium*, et le tendit à Claude Michu.

— Que faut-il que je fasse ? demanda ce dernier.

— Fais l'expérience toi-même ; plonge le métal dans la cuvette qui est là sur la table, et observe le résultat.

Claude étendit timidement la main au-dessus de l'eau, s'attendant à quelque diablerie, puis, après une courte hésitation, il y laissa tomber le potassium.

Le liquide se mit à rouler, à l'instant, d'innombrables globules de feu qui donnaient une vive lumière et une chaleur intense.

— C'est pourtant vrai, fit Claude ébahi. Dire qu'on pourrait se servir d'un verre d'eau pour mettre le feu à une grange.

— La chose s'explique par ce fait, que l'eau, au contact du métal, est immédiatement décomposée ; la chaleur que ce dernier acquiert alors est telle qu'elle enflamme immédiatement l'hydrogène, un des éléments de l'eau. En même temps, l'oxygène se porte sur le potassium et le dissout après l'avoir changé en potasse.

On peut également enflammer deux liquides froids en les mêlant l'un à l'autre. A cet effet, on verse dans de l'essence de térébentine, de l'acide nitrique et de l'acide sulfurique concentré, et l'on voit jaillir subitement une vive flamme.

— Certes, fit Claude Michu, vous nous montrez là des choses qui étonneraient bien le vieux Simounen ; mais pardon, M. Morand, une question en amène une autre. Vous nous avez parlé de l'hydrogène et de l'oxygène de l'eau, et, pour ma part, je ne sais pas de quoi il s'agit. Que veulent dire ces deux mots ?

— L'eau, mes amis, n'est pas un élément simple

comme l'ont cru longtemps les physiciens. Elle se compose de deux parties de gaz hydrogène et d'une partie de gaz oxygène.

Cette vérité, longtemps inconnue, est démontrée par une facile expérience, qui consiste à faire brûler de l'hydrogène et de l'oxygène ; ces deux gaz, en se consumant, se résolvent en eau dont la pesanteur est équivalente à leur propre poids.

Le gaz oxygène qui a porté aussi le nom d'*air vital*, existe dans la nature à l'état élémentaire, et entre dans la composition de l'air ainsi que dans celle de l'eau. Il est le seul propre à la combustion. Un corps presque éteint, plongé dans une cloche remplie d'oxygène, s'y rallume aussitôt et brûle avec une vive lumière.

Le gaz hydrogène brûle avec une flamme bleuâtre; combiné avec le carbone, il produit le gaz d'éclairage que vous connaissez.

Mais je m'engage là, réfléchit le pharmacien, sur un terrain trop aride pour vous.

Pour changer, je vais vous faire voir le diable.

— Le diable ! s'écria Claude Michu.

— Oui, un diable que tu ne pourras ni saisir ni toucher, car, tout en restant très-visible, il sera impalpable comme l'air.

Le pharmacien fit rouler au milieu de la pièce un petit piédestal, qu'il disposa à son gré pendant quelques instants ; puis quand il eut terminé ses préparatifs :

— Le diable que je vais vous montrer, dit-il à Claude Michu, va vous apparaître au milieu de la fumée, comme il convient à tout esprit de ce genre. Éteignez d'abord les lumières.

Le laboratoire une fois plongé dans l'obscurité, le pharmacien s'approcha du piédestal ; presque aussitôt les assistants en virent sortir une mince nappe de fumée, éclairée par une lumière blanche dont ils ne purent s'expliquer la provenance.

Puis au milieu de la fumée, sur le piédestal, se montra subitement un petit démon vêtu de rouge.

— Prends un bâton, cria Bernard à Claude, et viens chasser l'apparition.

Claude hésitait.

— Ne crains rien, reprit l'opérateur. Il s'agit seulement de te prouver que mon petit diablotin est impalpable.

Le jeune homme s'arma alors d'une canne et en frappa l'apparition qui trembla un instant mais ne fut pas autrement endommagée. Sa canne, comme on le comprend n'avait frappé que le vide.

Quand l'expérience fut finie, les questions recommencèrent.

— Ce que vous venez de voir, dit Bernard Morand, est une application de la lanterne magique. Seulement l'image au lieu d'être envoyée directement par la lanterne sur un verre blanc, se projette par la réflexion d'un miroir, sur un cône de fumée qui sort d'une fente pratiquée dans le piédestal.

C'est un jeu d'enfant qui intéresse les hommes à ce que je vois, puisque vous l'avez suivi avec une si vive attention. Veux-tu, maintenant, Claude Michu, que je te montre comment on peut laisser traîner son argent sans crainte d'être volé?

— Volontiers, monsieur Morand.

— Donne-moi une pièce de monnaie. Je veux faire l'expérience au moyen de ta propre bourse. De cette façon tu seras mieux persuadé.

Claude Michu vida son porte-monnaie dans la main de son professeur, qui en jeta tout le contenu sur un carreau de métal.

Puis poussant Claude vers l'appareil. Essaye, dit-il, de reprendre ce qui t'appartient.

Claude, sans défiance, étendit la main vers son argent; mais à peine l'eût-il touché du bout des doigts qu'il éprouva une commotion, telle qu'elle faillit le renverser.

— Place-toi ici, reprit maître Morand, et essaye de nouveau.

Cette fois, le résultat fut satisfaisant. Claude Michu toucha impunément le plateau de cuivre et reprit son argent sans difficulté.

— Si tu veux savoir la raison du double effet qui vient de se produire, conclut le pharmacien, regarde cette plaque de fer sur laquelle tu t'es placé d'abord pour opérer. Elle communique par un fil invisible au cuivre sur lequel était posée ta monnaie, et que j'avais fortement chargé d'électricité. En touchant le cuivre du doigt, tu établissais entre les deux métaux, cuivre et fer, un courant qui en traversant tout ton corps devait produire la commotion que tu as éprouvée.

Dans la seconde position, tu as touché simplement le cuivre et l'électricité est restée sans effet.

L'électricité est l'instrument de nombreuses expériences aussi amusantes qu'instructives. C'est grâce à l'électricité que j'ai obtenu cette vive lumière qui t'a si fort effrayé l'autre jour, au Trou-Noir.

— D'où venait cette lumière :

— Elle se produisait entre deux morceaux de carbone taillés en pointe et tenant chacun à l'un des fils conducteurs d'une pile de Bunsen.

Dans un traité de physique dont je veux te faire cadeau, tu trouveras toutes les explications relatives à cet appareil aussi simple qu'intéressant.

La conversation s'arrêta un instant; Claude Michu profita de ce répit pour glisser une question qui le pressait depuis le commencement de la séance.

— Monsieur Morand, fit-il, en nous montrant votre tableau changeant, vous nous avez parlé des encres de sympathie. Expliquez-nous donc comment se fabriquent ces encres.

— Volontiers, mon garçon. Voici quelques recettes que tu pourras appliquer facilement,

ENCRE POUR FAIRE PARAITRE UNE ÉCRITURE BLEUE, ROUGE OU VERTE.

Il faut écrire en trempant la plume dans une forte infusion de tournesol, ou dans du suc de fleurs de violettes. En exposant cette écriture à la vapeur du gaz acide chlorhydrique, elle passera au rouge; soumise à l'action du gaz ammoniaque elle variera du rouge au bleu, si on s'est servi d'encre de tournesol et du rouge au vert, si on a employé le suc de violettes.

ENCRE POUR FAIRE PARAITRE EN VIOLET UNE ÉCRITURE INVISIBLE

Pour cette expérience, on emploie une solution de nitrate de colbal; les caractères tracés au moyen de cette solution restent invisibles, mais si l'on passe dessus un pinceau trempé dans l'acide oxalique, ils prennent une teinte violette très prononcée.

ENCRE POUR COLORER EN POURPRE UNE ÉCRITURE PRESQUE BLANCHE.

On écrit avec du nitro-muriste d'or et on mouille l'écriture avec de l'hydro-chlorate d'étain étendu d'eau, ce qui suffit à la colorer en pourpre.

ENCRE AU MOYEN DE LAQUELLE L'ÉCRITURE N'APPARAIT QU'EN TREMPANT LE PAPIER DANS L'EAU.

Cette encre se compose d'une solution saturée de

sulfate d'alumine et de potasse. Plongés dans l'eau les caractères tracés au moyen de cette encre prennent une teinte foncée qui permet de les déchiffrer facilement en les présentant à la lumière.

On peut, en outre, continua Bernard, écrire avec différents liquides incolores et faire paraître ces écritures en les chauffant plus ou moins.

Ainsi, avec le suc de citron, l'écriture paraît en brun ; avec l'acide sulfurique faible, en roux ; avec le vinaigre blanc, en rose ; avec le suc d'oignon, en brun noirâtre ; avec le suc de cerise, en vert.

Quand M. Morand eut donné à Claude Michu les explications qu'il demandait, un des auditeurs lui posa à son tour une question.

— J'ai vu, dit-il, à la foire de la ville, où je suis allé dernièrement, une chose qui m'a paru inexplicable. Etant entré dans une loge de saltimbanque, on m'a rendu témoin d'une séance de magnétisme, pendant laquelle un homme, doué de ce qu'il appelait la seconde vue, a deviné tout ce qu'on lui demandait : l'âge, le pays des personnes, la somme qu'on avait dans la poche, etc., etc.

— C'est curieux, en effet, répliqua M. Morand. Et cet homme opérait-il seul ?

— Non : il y en avait un second qui le magnétisait et qui lui posait les questions.

— C'est cela. Eh bien ces deux hommes étaient deux rusés compères et leur seconde vue une plaisanterie. Ce que tu as vu était tout bonnement un *tour* mieux fait que quelques autres, voilà tout.

— Quoi ! monsieur Morand, vous ne croyez pas au magnétisme ?

— Cela dépend. Je crois au magnétisme, en tant que force physique se produisant entre deux individus, par l'établissement d'un courant électrique ; mais je ne crois pas à ce magnétisme qui prétend sonder l'avenir et lire à travers les murs ; celui-là me paraîtra une jonglerie, jusqu'à preuve sérieuse du contraire.

Le tour dit de la seconde vue n'a d'ailleurs rien à démêler avec le magnétisme, et je vais vous expliquer comment il se pratique communément.

Pour le réussir, il faut faire preuve de beaucoup de mémoire et aussi beaucoup d'attention.

L'un des compères se bande les yeux et se place à quelque distance des spectateurs ; l'autre se tient au milieu de ces derniers pour recueillir les questions.

Tout le mystère de la seconde vue consiste dans la manière dont les questions sont posées.

S'agit-il de chiffres : l'opérateur interroge son partenaire de telle sorte que ce dernier, suivant la lettre qui commence la question, sait tout de suite à quel chiffre il a affaire.

Ainsi le mot *Confitures*, par exemple, se composant de dix lettres différentes, peut parfaitement correspondre aux dix chiffres de la numération, dans l'ordre suivant :

1. 2. 3. 4. 5. 6. 7. 8. 9. 0.
C O N F I T U R E S

Si donc le compère dit au *sujet* ;

— Combien de pièces ai-je dans la main?

Celui-ci répondra hardiment :

— Une.

Car la lettre *C* qui commence la phrase employée pour l'interrogation correspond au nombre 1 suivant le principe posé.

Et cela se fait sans que le public se doute de rien.

Ainsi, pour les dix chiffres, on prépare une série de question, qui peuvent se présenter ainsi :

1. Comblen ? . . . . **C**
2. Oh ! dites vite. . . . . **O**
3. Ne devinez-vous pas ? . . . . **N**
4. Faites promptement. . . . . **F**
5. Il faut deviner. . . . . **I**
6. Tâchez de ne pas vous tromper . . . . **T**
7. Une réponse prompte, allons. . . . . **U**
8. Regardez bien. . . . . **R**
9. Eh bien ? voyez-vous ? . . . . **E**
9 ou 10. S'il vous plaît, la réponse. . . . . **S**

Cela est bon pour les 10 chiffres simples, fit observer l'interlocuteur de Bernard ; mais si j'ai, je suppose, 22 francs.

Eh bien, on répète le mot indicateur, voilà tout. Pour 2 on dirait :

— Oh ! dites vite.

Pour 22, on dira :

— Oh ! dites vite. Oh !

— Mais, reprit le controversiste, si j'ai encore 326. Voilà une difficulté.

— Non ! On prononce les trois phrases se rapportant à 3, à 2 et à 5, en ayant soin de s'arrêter un peu entre chacune d'elles, de manière à faire comprendre à l'initié qu'il s'agit d'un nombre composé.

Pour 325, on dirait donc :

Ne devinez-vous pas ? — Oh ! dites vite. — Il faut deviner.

N, O et I qui forment les initiales des questions s'appliquent très bien, suivant le tableau que je vous ai donné, aux chiffres 3, 2 et 5, et cette méthode peut s'étendre aussi loin qu'on le veut.

Pour les objets que les spectateurs portent habituellement sur eux, tels que : bagues, montres, portefeuilles, porte-monnaie, etc., les opérateurs ont des questions indicatives du même genre.

Mais ici les lettres initiales ne jouent aucun rôle. Il s'agit de phrases de convention dont l'énoncé suffit à signaler l'objet sur lequel on appelle la seconde vue.

Ainsi :

— *Regardez bien* peut vouloir dire   Bague
— *Nhésitez pas,*   —   —   —   Montre.
— *Allons !*   —   —   —   Portefeuille.
— *Voyez-vous ?*   —   —   —   Mouchoir.
— *Nous attendons,*   —   —   —   Epingle.

Pour les objets imprévus, on se fait un langage à part, et le mot *Attention* indique qu'on va l'employer.

Alors, on interroge en se servant de mots ou d'exclamations dont chacun commence par une des lettres servant à composer le mot de l'objet.

C'est un art difficile, mais on y devient vite habile en le pratiquant.

D'autres praticiens se donnent moins de peine, mais ils ne peuvent opérer que sur leur terrain, et bien entendu sur un terrain préparé.

Ceux-là se servent d'un conduit acoustique qui passe sous le sol et communique avec l'oreille des sujets. Ils affectent d'interroger ce dernier de loin et à l'écart, dans le seul but de pouvoir se placer à l'orifice du conduit, d'où il ne leur reste plus qu'à jeter à leur compère les réponses désirables.

Voilà, mes amis, ce qu'est la plupart du temps la seconde vue. Il faut admirer l'adresse qu'on y déploie, mais ne pas s'émerveiller de la puissance surnaturelle de ceux qui l'exploitent.

— Je voudrais bien que Simounen fût ici, lança Claude Michu, en manière de réflexion.

— Si Simounen était ici, c'est qu'il aurait renoncé à son métier compromettant ; mais Simounen est fidèle au *Dragon Rouge* qui lui rapporte de l'argent, en attendant qu'il lui joue le mauvais tour de le faire mettre en prison.

— Qu'est-ce donc enfin que ce *Dragon Rouge* ? demanda Claude Michu. Je n'en connais rien que la sotte conjuration que le berger m'a fait apprendre, et je voudrais bien savoir le fond de ce livre auquel Simoun en semble donner une si grande importance.

— Je puis te satisfaire, car je le possède, moi aussi, ce livre, comme un échantillon de la sottise humaine. C'est un ramassis d'absurdités, écrites il y a longtemps par un nommé Antonio Venitiana, qui ne manquait pas d'orgueil et de présomption, comme tu pourras t'en convaincre en lisant la préface que voici.

Et Bernard remit le *Dragon Rouge* à Claude Michu, qui lut les passages suivants au milieu des rires moqueurs de l'assistance :

PRÉLUDE

« L'homme, qui gémit sous le poids accablant des préjugés de la présomption, aura peine à se persuader qu'il m'ait été possible de renfermer dans un si petit recueil l'essence de plus de vingt volumes, qui, par leurs dits, redits, et ambiguïtés, rendaient l'accès des opérations philosophiques presque impraticable; mais que l'incrédulité et le prévenu se donnent la peine de suivre pas à pas la route que je leur trace, et ils verront la vérité bannir de leur esprit la crainte que peut avoir occasionnée un tas d'essais sans fruits, étant faits hors de saison ou sur indices imparfaits.

« C'est encore en vain qu'on croit qu'il n'est pas possible de faire de semblables opérations sans engager sa conscience ; il ne faut, pour être convaincu du contraire, que jeter un *clin-d'œil* (sic) sur la vie de saint Cyprien.

« J'ose me flatter que les savants attachés aux

mystères de la science divine, surnommée occulte, regarderont ce livre comme le plus précieux trésor de l'avenir.

L'auteur du *Dragon Rouge* ajoute ensuite :

« Ce grand livre est si rare, si recherché dans nos contrées, que pour sa rareté on le peut appeler, d'après les rabbins, le véritable GRAND ŒUVRE, et ce sont eux qui nous ont laissé ce précieux original, que tant de charlatans ont voulu contrefaire inutilement en voulant imiter le véritable, qu'ils n'ont jamais trouvé, pour pouvoir attraper de l'argent des simples qui s'adressent au premier venu, sans chercher la véritable source. On a copié celui-ci d'après les véritables écrits du grand roi Salomon, quel'on a trouvés, par un effet du hasard, ce grand roi ayant passé tous les jours de sa vie dans les recherches les plus pénibles et dans les secrets les plus obscurs et les plus inespérés ; mais enfin, il a réussi dans toutes ses entreprises, et il est venu à bout de pénétrer jusqu'à la demeure la plus reculée des esprits, qu'il a tous fixés et forcés de lui obéir par la puissance de son *talisman* ou *clavicule* ; car quel autre homme que ce puissant génie aurait eu la hardiesse de mettre au jour les fou lroyantes paroles dont Dieu se servit pour consterner et faire obéir les esprits rebelles à sa première volonté ; ayant pénétré jusqu'aux voûtes célestes pour approfondir les secrets et les puissantes paroles qui font toute la force d'un Dieu terrible et respectable, il a, ce grand roi, pris l'essence de ces mêmes secrets dont s'est servie là grande Divinité, puisqu'il nous a découvert les influences des astres, la constellation des planètes et la manière de faire paraître toutes sortes d'étoiles, en récitant les grandes appellations que vous trouverez ci-après dans ce livre ; de même

5)

que la véritable composition de la verge foudroyante
et les effets qui font trembler les esprits chassa
Adam et Eve du Paradis terrestre, et de laquelle
Dieu frappa les anges rebelles, précipitant leur
orgueil dans les abîmes les plus épouvantables,
par la force de cette verge qui forme les nuées
qui disperse et brise les tempêtes, les orages, les
ouragans, et les fait tomber sur quelle partie de
la terre que vous voulez.

« Voici donc, ci-après, les véritables paroles
sorties de sa bouche, que j'ai suivies de point en
point et dont j'ai eu tout l'agrément et toute la
satisfaction possible, puisque j'ai eu l'honneur de
réussir dans toutes mes entreprises.

« Signé : ANTONIO VENITIANA
Del Rubina. »

— On ne peut guère lire, dit le pharmacien, en
prenant lui-même le livre, un factum d'aussi mauvais goût et en aussi mauvais français que celui-ci.
Et voulez-vous savoir de quelle façon l'ouvrage
répond à sa pompeuse préface? Nous allons en
faire quelques extraits, au chapitre intitulé :

SECRETS DE L'ART MAGIQUE DU GRAND GRIMOIRE

Bernard Morand franchit quelques pages, précé-
dées d'une grossière gravure représentant un démon rouge orné de trois cornes et monté sur des
pieds de chèvre, et se mit à poursuivre, en les com-
mentant plaisamment, les formules suivantes :

POUR PARLER AUX ESPRITS LA VEILLE DE LA SAINT-JEAN-BAPTISTE

Il faut se transporter, depuis les onze heures
jusqu'à minuit, près d'un pied de fougère et dire :
e prie Dieu que les esprits à qui je souhaite par-

ler apparaissent à minuit précis. Et aux trois quarts, vous direz neuf fois ces cinq paroles : *Bac, Kirabace, Alli, Alla, Retragamaton*.

POUR SE FAIRE AIMER

Il faut dire, en ramassant l'herbe des neufs chemins, dite *Concordia* : Je te ramasse au nom de Seheva, pour que tu me serves à m'attacher l'amitié de N'*.

Ensuite, vous mettez ladite herbe sur la personne, sans qu'elle le sache ni qu'elle s'en aperçoive et aussitôt elle vous aimera.

Ici Bernard Morand s'interrompit dans sa lecture et fit observer à Claude Michu qu'il était improbable que s'il n'eût employé que ce moyen pour se faire aimer de sa promise Madeloun, il fût arrivé à son but, que l'honnêteté dans les intentions, une conduite régulière et un véritable amour du travail était la meilleure herbe que l'on pût apporter en ménage.

POUR SE RENDRE INVISIBLE

Vous volerez un chat noir et achèterez un pot neuf, un miroir, un briquet, une pierre d'agate, du charbon et de l'amadou, observant d'aller prendre de l'eau au coup de minuit à une fontaine; après quoi, vous allumez votre feu, mettez le chat dans le pot et tenez le couvercle de la main gauche sans jamais bouger ni regarder derrière vous, quelque bruit que vous entendiez; et après l'avoir fait bouillir vingt-quatre heures, vous le mettez dans un plat neuf, prenez la viande et la jetez par-dessus l'épaule gauche, en disant ces paroles : *Accipe quod tibi do, et nihil amplius*; puis vous mettrez les os, un à un, sous les dents du côté gauche, en vous regardant dans le miroir, et si ce n'est pas le bon, vous le jetterez de même, en disant les mêmes paroles, jusqu'à ce que vous l'ayez trouvé ; et sitôt que vous ne vous verrez plus dans le miroir, retirez-vous à reculons en disant : *Pater, in manus tuas commendo spiritum meum.*

POUR FAIRE LA JARRETIÈRE DE SEPT LIEUES PAR HEURE

Vous achèterez un jeune loup au-dessous d'un an, que vous égorgerez avec un couteau neuf, à l'heure de Mars, en prononçant ces paroles : *Adhumalis cados ambulavit in fortitudine cibi illius.* Puis vous couperez sa peau en jarretières larges d'un pouce, et y écrirez dessus les mêmes paroles que vous avez dites en l'égorgeant, savoir : la première lettre de votre sang, la seconde de celui du loup et immédiatement de même, jusqu'à la fin de la phrase.

Après qu'elle est écrite et sèche, il faut la doubler avec un padoue de fil blanc et attacher deux rubans violets aux deux bouts pour la nouer du dessus du genou au-dessous ; il faut aussi bien prendre garde qu'aucune femme ou fille ne la voie, comme aussi la quitter avant de franchir une rivière, autrement elle ne serait plus si forte.

Bernard Morand ferma le livre en disant à Claude.

— En voilà assez, je pense, et tu es suffisamment édifié à l'égard du *Dragon Rouge.* Quand Simounen t'en parlera, tu pourras lui répondre, en connaissance de cause, que tu en sais autant que lui, et tu n'auras pas de peine à lui démontrer que son fameux livre est bon à jeter au feu.

Nous avons prolongé, ce soir, notre séance au delà de la limite ordinaire. Continuez à venir me voir ; nous causerons encore de choses qui vous intéressent et je mettrai volontiers à votre service le peu de science que je possède.

Claude Michu et ses amis prirent congé de leur bienveillant professeur, et le fils du fermier, fortifié dans ses bonnes résolutions par les leçons utiles qu'il avait reçues, se promit bien de ne plus retomber dans les fautes que sa faiblesse lui faisait commettre si souvent autrefois.

———

En arrivant deux jours après chez Bernard Morand, Claude et ses amis le trouvèrent de fort bonne humeur.

Le pharmacien tenait un journal et riait tout seul en le parcourant.

— Accourez, dit-il à ses auditeurs accoutumés ; j'ai du nouveau à vous apprendre.

— Quoi donc ! fit Claude Michu.

— Je vous ai parlé des sorciers des campagnes ; voici à cette heure, il y a des sorciers à Paris.

— A Paris !

— Oui, bien. Mais ceux-là n'ont pas été aussi heureux que le père Simounen avec toi. Les Parisiens ont eu bien vite éventé leur malice.

— Racontez-nous cela, Monsieur Morand,

— Bien volontiers.

Le pharmacien posa son journal, s'établit commodément dans un grand fauteuil et le cercle se forma autour de lui.

— En vous parlant de la nécromancie, commença-t-il, c'est-à-dire en vous entretenant des pratiques de ces farceurs qui ont la prétention de parler aux morts, j'ai touché de près à une question fort à la mode de notre époque : la question du spiritisme.

Le spiritisme n'est rien autre que la nécromancle. Seulement la chose a changé d'habit en même temps que de race.

Elle ne se présente plus dans le monde, entourée d'un appareil effrayant.

Les *spirites* opèrent dans les salons ; ils se vantent de communiquer directement avec le monde invisible et de s'entretenir familièrement avec les âmes.

Au besoin, ils évoquent tel ou tel personnage, défunt depuis des siècles, et écrivent sous sa dictée.

D'autres fois, ils mettent en rapport leur auditoire avec les esprits qu'ils fréquentent, et les profanes peuvent sentir alors des mains glacées saisir leurs mains, un souffle sépulcral glisser sur leur visage...

Vous comprenez bien que tout cela n'est qu'une pure jonglerie, et que les prétendus spirites sont tout simplement d'habiles faiseurs de tours.

Cependant un grand nombre de personnes ajoutent foi à ces fantasmagories.

L'intervention des esprits est pour elles évidente. Et mal venu serait l'homme qui se mettrait en tête de les convaincre de naïveté.

Les séances des spirites sont très suivies ; ils gagnent beaucoup d'argent à ces exhibitions de leur propre personne.

Cette faveur accordée à un spectacle puéril ne tribuera pas peu à grossir le nombre des *croyants*, et aussi celui des *opérateurs*.

Nous qui voulons tout voir avec les yeux du simple bon sens, nous ne donnerons certainement pas dans le panneau.

Et, pour peu que nous fussions disposés à céder à l'entraînement, l'histoire qui me faisait rire tout seul lorsque vous êtes arrivés, nous ramènerait bien vite à la raison.

Figurez-vous que, ces temps-ci, il est arrivé

d'Amérique deux *blagueurs*, deux frères, cousins germains du diable pour le moins, car ils passaient pour avoir avec lui de fréquents rapports.

A beau mentir qui vient de loin.

Paris attendait depuis longtemps les deux sorciers.

Les journaux les avaient annoncés depuis longtemps à l'avance, et on disait merveille de leur pouvoir.

En Amérique, en Angleterre, un peu partout, racontaient les fervents adeptes du spiritisme, ils avaient opéré des prodiges et confondu la voix humaine.

— Que faisaient-ils donc ? demanda un vieux dans le groupe des paysans.

— Une chose singulière. Ils se plaçaient dans une armoire, en face l'un de l'autre, assis sur un banc adapté aux panneaux des meubles.

Une fois assis, on les liait fortement sur leur siège, au moyen de cordes solides.

Puis on fermait les portes de l'armoire, dans laquelle se trouvait accrochés, il faut vous le dire. une grande quantité d'instruments bruyants : cloches, tambourins, crecelles, etc., etc.

A peine l'armoire était-elle fermée qu'un vacarme épouvantable se faisait entendre à l'intérieur.

La cloche tintait.

Le tambour roulait.

La crecelle grinçait.

Et des mains blanches se montraient par une fenêtre pratiquée dans la porte de l'armoire.

On ouvrait alors le meuble mystérieux.

Les sorciers étaient toujours attachés à la même place.

Qui donc avait fait tout ce bruit ?

Les esprits invoqués par les deux frères, disaient les croyants.

L'armoire était alors refermée et réouverte une seconde fois.

On trouvait les compères plus attachés et plus immobiles que jamais, mais débarrassés de leur habit.

Nouveau prodige.

A la troisième ouverture de la boîte à surprise, les Américains étaient debout et libres de leurs liens.

Qui les avait mis en liberté.

Les esprits, toujours les esprits, rien que les esprits !

La plaisanterie a duré jusqu'au jour où un malin s'est aperçu que le siège sur lequel on attachait les spirites s'enlevait à volonté, et leur permettait de quitter et de reprendre en un clin d'œil les liens dont on les avait chargés.

Les faux sorciers en ont été pour leurs frais.

Ce ridicule les a chassés de Paris, et le spiritisme a reçu un rude coup dont il ne se relèvera pas de longtemps.

Si les deux Américains s'étaient présentés comme d'habiles prestidigitateurs, on les aurait volontiers applaudis.

Mais point !

Ils ont voulu introduire le merveilleux dans leur commerce, alors on n'a plus songé à admirer la dextérité avec laquelle il opéraient ; on n'a vu qu'une chose, c'est qu'ils prétendaient prendre pour dupe un public qui passe à bon droit pour être des plus intelligents.

Ledit public s'est mis en colère et a envoyé promener les armoires spirites, dont la mésaventure est en train de faire le tour du monde.

J'ai connu, dans le temps, un brave homme qui se croyait *médium*.

En spiritisme, on appelle *médium* tout individu armé du prétendu pouvoir de communiquer avec les esprits.

Mon homme, dont l'histoire est quelque peu instructive, s'appelait Philippe Larive.

A tout propos, il se vantait de sa puissance occulte.

Suivant lui, rien ne devait lui arriver sans qu'il en fût aussitôt averti par un de ses esprits familiers.

Vous allez voir comme ces esprits le recevaient bien !

Philippe Larive s'était marié, et sa femme lui avait apporté une dot fort embarrassante, en ce sens qu'elle se composait de droits successifs vivement discutés par un collatéral.

Un procès était engagé.

Philippe Larive avait des chances de gagner ce procès.

Mais il fallait pour cela retrouver certaines pièces égarées depuis longtemps et fouiller attentivement dans les archives de la famille de sa femme.

Que fit maître Larive ?

Au lieu de prendre un expert en écriture, comme le lui conseillait son avocat, et de le charger de ces recherches, il se fia tout bonnement aux esprits et passa ses nuits et ses jours à les appeler à son aide, espérant qu'ils ne tarderaient pas à lui révéler l'existence des papiers et le lieu où ils étaient cachés.

Les esprits ne répondirent point ou répondirent mal, paraît-il, car le jour du jugement arriva sans que Philippe pût montrer les preuves de son droit.

Il fut condamné, et sa fortune se ressentit tellement de ce coup qu'il dût songer à se créer un état.

Le spiritisme dont il faisait profession menaçait de souffrir de cet état de choses.

Mais Philippe se faisait fort de mener de front
les affaires et le merveilleux.

Avec les débris de son avoir, il acheta un établissement et commença assez favorablement ses
opérations commerciales.

Puis, peu à peu, il négligea ces mêmes opérations
pour se consacrer plus exclusivement aux folles
pratiques dont il s'était si obstinément coiffé.

Dès lors la maison périclita.

Philippe assistait assez philosophiquement à la
ruine de ses espérances.

Il comptait toujours qu'une révélation d'en
haut allait lui ouvrir un avenir brillant.

Sa femme lui fit des reproches.

Il la traita de folle.

Il fut sérieusement question alors, de faire en-
fermer cet insensé qui accusait la raison des
autres. Mais, comme sa manie était douce et ne
se traduisait par aucun acte en apparence extra-
vagant, force fut de le laisser tranquillement
consommer sa perte.

Philippe Larive qui fut un rentier, un homme
établi, ayant de bonnes terres au soleil, achève
aujourd'hui de vivre dans un hospice de vieillards
indigents.

Comme l'astrologue de La Fontaine, il est
tombé dans un puits pour s'être entêté à vivre
continuellement le nez en l'air.

— Il croyait donc, fit Claude Michu, que ces esprits allaient lui révéler l'avenir ?

— Précisément, il poussait à l'excès la foi en
ses croyances : — c'est ce qui l'a perdu.

J'ai ouï, reprit Claude Michu, que, malgré tout
ce que vous nous avez dit, — je me prends encore

à songer que l'avenir peut être dévoilé à certaines gens, — on a vu des prédictions s'accomplir de point en point, et cela donne toujours un peu à réfléchir.

— Allons, Claude, tu n'es pas aussi bien guéri que je le présumais.

— Oh ! je ne crois plus aux sorciers.

— Mais tu crois encore un peu aux devins ?

— Sans y croire précisément, je suppose que les choses prédites peuvent arriver quelquefois.

— C'est vrai, souviens-toi pourtant de ce que je t'ai dit touchant la prescience. Dieu nous a fermé l'avenir pour sauvegarder la tranquillité de notre vie. Nul autre que lui ne peut soulever le voile de la destinée.

Mais comme tu crois à Dieu, tu dois croire que quelquefois il se plaît à punir les crédules par où ils ont péché.

Ceux à qui on a prédit un malheur font tout ce qui est en leur pouvoir pour y échapper.

Et souvent, conduits par la main de Dieu, qui veut éprouver leur foi au dernier moment et les châtier de leur défaut de confiance en lui, ils viennent tomber au but funeste qu'ils ont fui avec tant de soin.

> On rencontre sa destinée
> Souvent par les chemins qu'on prend pour l'éviter.

Puisque ce soir, nous causons au lieu d'expérimenter, je veux vous raconter à ce propos un trait frappant et très véridique.

Encouragé par la vive attention de son auditoire, Bernard Morand commença aussitôt le récit suivant:

BEPPO L'ENSORCELÉ.

Beppo Fabrini, était un jeune montagnard des

environs de Roquebrune, dans la petite principauté de Monaco.

Il était habitué à sa montagne et descendait rarement en ville, où il se sentait comme étouffé.

Son caractère se ressentait vivement de ces habitudes d'isolement.

Il était fier, rude et naïf à la fois. Son père et sa mère, auprès desquels il habitait, avaient voulu l'envoyer à l'école.

Mais au bout d'un an il avait fallu le retirer.

Beppo dépérissait à vue d'œil dans l'atmosphère lourde de la classe.

Il lui fallait l'air libre des montagnes, les courses en plein soleil, la vie vagabonde des chevriers.

Tout en gardant ses troupeaux, il chassait et montrait à cet exercice une grande habileté.

Si bien que, des produits de ses chasses, il faisait vivre sa famille pendant une partie de l'année.

Malgré ses instincts légèrement sauvages, il avait pour ses parents une amitié profonde.

L'idée qu'il devait les perdre un jour était la seule préoccupation de sa vie.

Vous voyez que Beppo avait du bon.

Tout eût été pour le mieux, s'il ne s'était pas montré aussi crédule.

Mais, comme tous les gens vivant en dehors de la civilisation, il aimait le merveilleux à la passion.

La seule lecture dans ses longues stations à la montagne était un vieil ouvrage de magie qu'il avait trouvé par grand hasard dans le grenier de la maison paternelle.

Les figures symboliques du livre le faisaient longuement rêver, et les formules cabalistiques exerçaient sur son cerveau une singulière influence.

Un jour qu'il était à l'affût dans les taillis, il vit

venir à lui une vieille femme dont le costume misérable sollicita tout d'abord sa pitié.

C'était une de ces bohémiennes nomades et qui font profession de dire la bonne aventure à tout venant, moyennant une modique rétribution.

La vieille était fière sans doute de son métier, car lorsque Beppo voulut lui glisser une pièce de monnaie dans la main, elle le repoussa en disant :

— Merci, je ne demande pas l'aumône.

— Qui êtes-vous donc ? interrogea curieusement le chevrier, surpris des allures de la voyageuse.

— J'appartiens à une tribu gitane, et je lis l'avenir dans les lignes de la main des hommes.

A ce mot, un vif intérêt s'éveilla dans l'esprit de Beppo.

— Eh bien, dit-il, gardez l'argent que je vous ai donné, en échange vous m'apprendrez ma destinée.

— Soit.

La vieille s'approcha de Beppo, lui prit la main et en interrogea longuement les lignes.

— Eh bien, fit le jeune homme impatient, que voyez-vous ?

— Je ne puis te dire cela.

— Pourquoi ?

— Parce que tu te ferais horreur à toi-même.

— Dites toujours.

— Tu le veux. Eh bien, retiens ceci : Un jour tu tueras ton père et ta mère.

Beppo se prit à trembler de tous ses membres et une morne stupeur s'empara de lui.

Quand il reprit ses sens, il chercha vainement autour de lui la prophétesse de malheur.

Elle s'était éloignée à travers les bois.

Quand Beppo revint le soir à la maison, il jeta sur ses parents un regard sombre et désespéré.

Pour son esprit ouvert aux impressions superstitieuses, l'avenir n'était pas douteux.

Il devait être le meurtrier de ceux qu'il aimait plus que sa vie.

Cette pensée, de plus en plus enracinée dans son cerveau, ne tarda pas à le plonger dans un singulier abattement.

Dès l'aube, il fuyait la maison paternelle et se réfugiait sur les plus hauts sommets de la montagne.

Là seulement il trouvait un peu de calme et de soulagement.

Ses parents remarquaient avec inquiétude le changement qui s'était fait dans les habitudes de Beppo.

Ils l'interrogèrent avec sollicitude.

Mais le chevrier demeura impassible.

Sans s'en rendre compte, il comprenait peut être le ridicule de ses préoccupations, et il ne voulait pas les avouer.

Six mois après la prédiction, Beppo disparut.

On trouva sur le bord d'un précipice son chapeau et son fusil.

Ses parents le crurent mort.

Et ils pleurèrent leur unique enfant, qui emportait en mourant toute leur consolation et une partie de leur bien-être.

Cependant Beppo était vivant.

Pour échapper à sa destinée, il n'avait pas craint d'abandonner ses parents, vieux et déjà infirmes et de les laisser croire à sa perte.

Dieu devait le punir bien cruellement un jour d'avoir cédé à une superstitieuse terreur.

Il avait gagné le port le plus proche et s'était embarqué pour la Corse, où il entra, dès son arrivée, au service d'un riche fermier.

Pendant trois ans, il vécut là, tranquille autant qu'on peut l'être quand on a un remords au cœur.

Aucune nouvelle de ses parents ne lui était parvenue, et il n'avait pas cherché à s'en procurer.

Après ces trois années de séjour en Corse, Beppo devint amoureux d'une jeune servante de la ferme où il servait, et l'épousa.

Son maître, à cette occasion, lui donna à gérer un petit domaine dans lequel il devait habiter seul avec sa femme et un garçon de labour.

Tout allait bien, Beppo était heureux, et il oubliait peu à peu la cause qui l'avait fait déserter son pays.

Cependant ses parents avaient appris que le jeune homme n'était pas mort.

Un habitant de Roquebrune, venu en Corse pour ses affaires, avait rencontré Beppo au marché, et malgré les recommandations pressantes de ce dernier s'était empressé d'aller porter aux deux vieillards l'heureuse nouvelle de l'existence de leur fils.

La première pensée du père et de la mère fut alors d'aller embrasser l'enfant prodigue.

Ils partirent, un beau matin, pour la Corse et, sans se faire précéder d'aucun message, arrivèrent à la maison de Beppo.

Une jeune femme était assise sur le seuil.

Le père s'avança tout tremblant vers elle et prononça le nom de Beppo.

Mon mari ! dit la fermière. Il est à la ville ; mais il rentrera ce soir. Que lui voulez-vous ?

Le vieillard se nomma et ouvrit ses bras à sa belle-fille.

Cette dernière voulut faire honneur à ses hôtes.

Elle mit toute la maison à leurs ordres, et comme la nuit était venue et que Beppo n'était point rentré, elle engagea les vieux parents à se coucher et leur céda son propre lit.

Puis, comme elle était inquiète de la longue absence de son mari, elle partit à sa rencontre.

Cependant Beppo revenait.

Pour gagner plus vite son logis, il s'était jeté dans un chemin de traverse; il ne rencontra donc point sa femme.

En arrivant chez lui, le jeune homme s'étonna de ne point voir sa femme assise sur le seuil, selon sa coutume.

Comme il se faisait tard, il pensa qu'elle s'était couchée et pénétra d'un pas discret dans sa chambre.

Puis, sans allumer de lampe, il alla au lit pour embrasser sa femme.

En étendant la main dans l'ombre, il toucha une tête d'homme.

Beppo recula en étouffant un cri de douleur.

Le doute n'était pas possible.

Sa femme profitait de son absence pour le déshonorer, pour se livrer à un autre.

Une jalousie aveugle le transporta.

Il tira son couteau et, se ruant sur le lit, il perça de mille coups ceux qui, dans sa pensée, venaient de lui faire un aussi sanglant outrage.

Comme il sortait à demi fou de rage, une voix l'appela doucement.

— Beppo !

Et, devant lui, il aperçut sa femme, souriante et toute heureuse de la nouvelle qu'elle avait lui donner.

— Qui ai-je donc frappé? s'écria-t-il, l'esprit saisi d'un terrible pressentiment.

Il rentra dans sa chambre avec de la lumière et reconnut la sanglante vérité.

La prophétie de la gitana était accomplie.
Beppo avait tué son père et sa mère.

— Eh bien, vous voyez ! fit alors Claude Michu comprenant que le récit s'arrêtait là.
— Oui, conclut Bernard Morand, je vois l'esprit faible puni de Dieu, et je regarde l'histoire de Beppo comme un grand enseignement. S'il s'était résigné à vivre auprès de ses parents comme un bon fils, le hasard qui le fit meurtrier à son insu ne se serait pas produit.

Mais quittons ces histoires lugubres, et avant de lever la séance, voyons s'il n'y a rien dans le journal qui puisse nous intéresser.
Justement, reprit le pharmacien après un moment d'examen, je vois là le jugement d'un prétendu sorcier de village qui rentre parfaitement dans la question que nous nous sommes permis de traiter ensemble.
Ecoutez donc et instruisez-vous.

TRIBUNAL CORRECTIONNEL DE TOURS (1)

Pauvres d'esprit et sorciers. — Escroqueries. —
Exercice illégal de la médecine.

A la campagne, on croit encore aux sorciers Peut-être bien y croit-on aussi un peu à la ville, mais alors cela s'appelle d'un autre nom, et les escrocs, pour exploiter les simples avec de prétendues somnambules, n'en sont pas moins des escrocs. La seule différence est que leurs pratiques sont moins grossières.
Les époux Loyau habitent le bourg de Beau-

(1) *Le Droit*, journal des tribunaux

mont-la-Ronce, où le mari exerce la profession de *hongreur*. Un hongreur, à la campagne, fait un peu de tout : de la médecine, de la chirurgie... Celui-là s'occupait aussi, à l'occasion, de nécromancie. Ils sont tous les deux prévenus d'escroquerie et d'exercice illégal de la médecine.

Leurs victimes, les époux Lihoreau sont des cultivateurs de Rouziers, petite commune peu distante de Beaumont.

Sous prétexte de *désensorceler* leurs bestiaux et un peu eux-mêmes, qui avaient été, selon l'expression pittoresque de Loyau, *ensavatés* par contagion, ce dernier leur a escroqué environ 1,400 fr.

La femme Lihoreau est morte depuis quelques jours, le récit des pratiques dont elle et son mari ont été l'objet a été fait par elle à M. le juge de paix quelques jours avant sa mort. Nous en extrayons quelques passages qui donneront la mesure de la crédulité de ces pauvres gens :

... En juillet dernier, notre mère vache n'ayant pu vêler, nous envoyâmes chercher M. Loyau, qui réussit à avoir le veau, et qui nous dit ensuite que, si notre mère vache n'avait pu vêler, c'est qu'il y avait du *malentendu* en elle ; puis, mettant les mains sur les reins d'une jeune taure : il y a aussi du malentendu dans celle-là, et il en sera comme de la mère vache si vous ne faites pas ce que je vais vous dire.

Il emmena mon mari à Beaumont, lui remit une fiole avec recommandation de verser le liquide qu'elle contenait sur les quatre ergots de la taure, ainsi que dans les orteils.

... Cette fois, il nous demanda de l'argent et je vis mon mari lui remettre 300 fr. devant moi ; plus une douzaine de volailles, sur lesquelles mon dit Loyau allait passer le mal qui était sur nous.

Une seconde fois avant la moisson, Loyau arrive nuitamment chez nous, entre onze heures et minuit. Il frappe à la porte ; nous ouvrons, et étant entré, il nous dit qu'un grand mal va tomber sur nous, sur nos bestiaux, sur nos enfants ; que le seul moyen de la conjurer n'est connu que de lui, mais qu'il ne peut rien faire si nous ne lui donnons 375 fr. Puis il nous demande une assiette, qu'il pose au milieu de la place, y verse un certain liquide, y met le feu avec du papier qu'il tire de sa poche. Une flamme bleue s'élève pendant qu'il prononce des paroles que nous ne comprenons pas. Quand le tout fut brûlé : « Voyez, dit-il, le fond de votre assiette est sec, celui qui vous en veut doit sécher de même ; mais vous ne pouvez plus vous servir de cette assiette, il faut la jeter dans les broussailles.

Nous étions morts de frayeur, mon mari et moi. Nous lui donnâmes les 375 fr. qu'il demandait et encore une demi-douzaine de volailles. Il a aussi demandé douze livres de beurre.

... Le lendemain matin la femme Loyau me rapporta mon panier.

Elle nous dit alors que le malfaiteur devait nous incendier et, pour nous préserver, elle prit trois cuillerées de cendre froide dans le foyer avec trois charbons éteints, plaça le tout dans un coin de son invention, puis demanda à visiter toutes les pièces de la maison...

Enfin elle nous demanda 200 fr. 75 cent. pour nous préserver de brûler... Nous lui remîmes cette somme.

... Une troisième fois, Loyau apporta à la maison deux chapelets pour lesquels il demanda 200 fr. Mais mon mari, n'ayant plus d'argent, promit de le lui remettre quelque temps après

Mon mari a fait aussi un voyage à la Chartre, d'après l'ordre de M. Loyau, et y a trouvé celui-ci avec un autre monsieur que nous ne connaissions pas. Cet inconnu a taxé mon mari à donner 4 septiers de blé à M. Loyau pour pouvoir, disait-il récolter du blé.

Les menaces et les pratiques de M. Loyau ont profondément effrayé mon mari et moi, et voilà pourquoi nous lui avons donné jusqu'à notre dernier sou, si bien que nous avons été obligés d'emprunter pour nos besoins.

Après avoir fait retirer les témoins, M. le président interroge les prévenus.

M. le Président au prévenu. — Loyau, vous demeuriez à Beaumont-la-Ronce, quel état y exerciez vous ? — R. Celui d'*affranchisseur*.

D. Peut-être, mais vous exerciez une autre industrie, et si vous donniez des remèdes aux bêtes, vous en donniez aussi aux gens assez crédules pour croire à votre prétendue science ? — R. Une seule fois, j'ai donné de l'eau sédative à une jeune fille qui se plaignait d'avoir mal à la tête.

D. Ce que vous avez prescrit n'est pas aussi simple que vous voudriez nous le faire croire. Vous connaissez les époux Lihoreau ? — R. Oui, monsieur.

D. Vous avez soigné leurs bestiaux... que dites-vous de tout ce qu'ils racontent ? M. le juge d'instruction vous en a donné connaissance. — R. Que ce n'est pas vrai.

D. Alors ils mentent. Ils racontent que, dans de nombreuses circonstances ils vous ont donné de l'argent, et il faut qu'ils aient été singulièrement émus par vos pratiques pour se dépouiller de tout ce qu'ils avaient, eux si avares !... — R. Comment donc m'auraient-ils donné tout cela? Lenoir a encore un billet de moi, que je lui ai remis à la suite d'un prêt qu'il m'a fait de 130 fr.

D. Pourquoi? Parce que vous leur aviez persuadé qu'ils étaient perdus, qu'ils étaient endiablés, *ensavatés;* c'est ce mot dont vous vous serviez. — R. Il n'est pas possible qu'un homme soit assez borné pour croire à des choses si bêtes!

D. S'il n'y avait pas de gens assez simples pour ajouter foi à de pareilles absurdités, il n'y aurait pas de fripons, et vous ne seriez pas là. — R. S'ils m'accusent, c'est qu'ils m'en veulent. Je les mets bien au défi de m'amener des témoins.

D. En effet, il n'y en a pas, parce que vous vous arrangiez toujours de façon à agir dans l'ombre. Mais ces pauvres gens ont parlé, et leur récit a un tel accent de vérité qu'il est difficile de ne pas les croire. Vous entendrez, du reste, des témoins qui raconteront des choses fort compromettantes pour vous.

Femme Loyau, vous avez assisté à plusieurs entrevues, et vous avez pris une part très-active à toutes ces pratiques? — R. Je n'ai jamais aidé mon mari dans ces choses-là.

Asseyez-vous tous les deux.

Huissier, faites entrer Lihoreau.

On entend le bruit de plusieurs voix dans la salle des témoins. C'est celle de l'huissier et de quelques témoins qui ne peuvent faire comprendre à Lihoreau, qui est sourd, que le tribunal l'attend.

L'huissier entre enfin, tenant par le bras le sieur Lihoreau qui se présente en saluant d'un air hébété.

M le président. Approchez-vous.

Lihoreau regarde à droite et à gauche et se dirige vers l'huissier, auquel il tend son chapeau.

M. le président. Approchez donc, bonhomme.

Le témoin. J'entends dur, mon bon mousieur, j'entends dur.

L'huissier l'amène au bas des marches du tribunal.

D. Votre nom ? — R. J'entends dur. (Il met une main à son oreille en forme de cornet).

D. (A l'huissier) : Transmettez-lui mes questions. — Vous vous appelez Lihoreau ? Votre âge ? — J'ai bientôt douze ans..... ah ! dame, oui, soixante et douze.

D. Connaissez-vous Loyau ? — R. Je le connais sans le connaître ; pour avoir soigné mon cheval et ma bête à corne, dont qu'il a apporté une bouteille pour mon bétail qui était malade, dont qu'après ça il m'a dit que les pauvres bêtes étaient *ensavatées*... Là-dessus il s'est mis à jurer des noms de Dieu... Il a dit que nous étions perdus... Je lui ai donné tout ce qu'il a voulu.

D. Après ? — Après ça, il m'a dit : Vous ne risquez pas de doubler trois ou quatre fois la somme que vous m'avez remise... J'avais encore deux cents francs en or ; je les y ai donnés... Après ça, comme il disait que nous étions ensorcelés, j'ai emprunté à ma femme. Ma pauvre défunte qui est morte... lui a aussi donné pas mal d'argent.

D. Ne venait-il pas la nuit ? — R. Mais oui, il venait en pleine nuit Mais oui...

Il se retire en arrière et paraît effrayé du regard de Loyau, dont les yeux venaient de rencontrer les siens...

D. Que faisait-il ? — R. Un tas d'histoires. — J'avons été pris comme des têtes *feubles*. — Il nous a enrôlés sous cette affaire-là. (Rires dans la salle).

D. Qu'a-t-il fait encore ? — R. Il nous a donné à

chacun un chapelet et nous a dit qu'il fallait emporter de l'argent au *carroir* de la route.

D. Combien ? — R. 200 francs.

D. Quand il vous disait que vous étiez ensorcelé, qu'éprouviez-vous ? — R. J'étais comme malade.

D. Si vous étiez malade, que ressentiez-vous ? — R. Ma foi, *rin*, seulement ça m'étouffait... (Hilarité générale).

D. Est-ce qu'il n'a pas fait brûler quelque chose dans une assiette ? — R. Oui, et qu'il m'a dit même de ne pas me servir de l'assiette.

R. Qu'en avez-vous fait ? R. (D'une voix sourde). nous l'avons jetée dans les broussailles, mon bon monsieur.

D. Vous aviez donc peur du diable ? — R. Ah ! dame !

D. Et c'est pour cela que vous lui donniez de l'argent ? — Oui, puisqu'il disait que *j'étions* perdus

D. Il parlait donc bien haut que vous entendiez tout ce qu'il disait ? — Est-ce que vous êtes devenu sourd de peur ? — R. Ah ! je l'entendis *ben*, pour mon malheur !

D. Loyau et sa femme prétendent que vous avez organisé un complot contre eux, que vous avez inventé ce que vous avez raconté ? — R. Non, non, j'ai toujours été fidèle et je le serai jusqu'à la mort. (Hilarité).

D. Vous avez fait des emprunts ? — R. Mais oui, puisque je lui avions tout donné.

Loyau. Tout cela est faux. Il se venge parce qu'il prétend que je lui ai pris trop cher.

D. Il n'a pas l'air d'un homme qui invente, et je crois qu'il n'a jamais rien inventé, le pauvre diable.

Le témoin. J'aurais plus de 1,600 francs de plus dans ma poche sans lui.

D. Et la femme Loyau, l'avez-vous vue? — R. Mais

oui, elle est venue, et ma femme lui a donné d
l'argent... Ah ! la pauvre défunte !

On entend ensuite plusieurs témoins auxquels le
époux Lihoreau ont raconté ce qui s'était passé.
D'autres auxquels ils ont emprunté de l'argent,

Femme Rousselet. A la Saint-Jean, mes deux fille
qui étaient malades, m'ont dit qu'elles voulaier
se purger.

Je leur ai dit : Alors allez chez le médecin. Me
elles ont été trouvé Loyau, qui leur a donné d
bouteilles. — Quand j'ai su ce qui se passait, j
fait tout reporter.

D. Pourquoi allaient-elles chez Loyau ? — R. Mon
sieur, c'est que c'est bien meilleur marché.

D. Voilà bien les gens de la campagne...

Après l'audition des témoins, la parole est donné
à M. Perrot substitut, qui requiert contre les prévenus une application sévère de la loi et déclare
qu'il n'insiste pas sur le chef d'exercice illégal de
la médecine, qu'il ne retient au procès que comme
renseignement de moralité.

M° *Brisard* présente ensuite la défense des deux
prévenus.

Le tribunal rejette le chef d'exercice illégal de
la médecine et condamne Loyau à treize mois de
prison, sa femme à un mois, et tous deux à
100 francs d'amende.

— C'est bien fait ! s'écrièrent en chœur les femmes, qui avaient fort goûté cette lecture instructive.

— Tiens, dit Bernard Morand à Claude, en lui
tendant le journal, tu feras cadeau de ce compte
rendu à Simounen. Cela lui donnera à réfléchir.

— Merci, monsieur Morand, je crois que nous
prêcherions dans le désert.

— C'est bien possible. — Bonne nuit, mes er
fants, et à bientôt.

Les soirées suivantes furent occupés par de semblables entretiens. Toujours plus attentifs à mesure que leur entendement se pliait davantage aux leçons du pharmacien, les paysans prenaient un véritable plaisir à ces instructions familières et voyaient s'écouler les heures avec une fabuleuse rapidité.

Dans ces réunions, Bernard Morand leur expliqua bien des choses qui jusqu'alors étaient muettes pour eux.

Il leur parla des progrès du siècle, leur donna des explications courtes, mais précises, sur l'électricité, sur la vapeur, sur toutes les inventions modernes ; il tourna leur esprit vers l'étude des questions agricoles et leur montra que les véritables prodiges étaient ceux que peut accomplir la volonté mise au service d'une idée civilisatrice.

En un mot, ceux qu'il avait rassemblés autour de lui étaient des enfants par la simplicité de leur esprit ; il chercha à en faire des hommes.

Quant à Claude Michu, il dut spécialement à Bernard la conquête de lui-même. Ce ne fut bientôt plus ce garçon timide et indécis que nous avons connu ? il chassa pour toujours le *vieil homme* et se montra disposé à entreprendre bien des choses qui jusqu'alors avaient effrayé son courage ou excité sa défiance.

Sous son habile direction, la ferme du père Michu devint un établissement modèle.

Au lieu du *Dragon Rouge* ou autre livre de cette sorte, Claude rechercha les traités d'agriculture, les ouvrages sérieux ; il fut encouragé dans cette voie par le pharmacien, qui mit obligeamment à sa disposition les journaux qu'il recevait de Paris.

Notre jeune homme y puisa des théories excellentes et les appliqua avec une intelligence et un soin qui furent couronnés d'un plein succès.

Parfois il se prenait à songer à ses essais d'autrefois, essais souvent malheureux, et il se disait avec raison qu'on ne réussit en ce monde qu'à la condition de déployer, en toute occasion, beaucoup de fermeté et beaucoup de persévérance, qualités précieuses dont il avait été privé longtemps.

De temps en temps, Claude allait rendre visite à Madeloun.

En voyant entrer chez elle ce brave garçon, au teint hâlé, à l'air résolu, la jolie fille ne riait plus comme autrefois.

Elle lui tendait la main et on devinait bien vite qu'elle serait heureuse le jour où il lui serait donné de s'appeler Mme Michu.

Au milieu de ses préoccupations et de ses idées nouvelles, Claude avait gardé une pensée de rancune contre le vieux Simounen et il s'était promis de dire son fait au berger.

Malheureusement celui-ci avait quitté momentanément le pays ; il était allé conduire des troupeaux dans la Crau et ne devait revenir qu'au printemps.

Claude Michu oubliait peu à peu sa rancune, lorsque le retour inopiné de Simounen vint la lui rappeler.

Le vaillant fermier surveillait un jour les travaux du domaine, quand il entendit non loin de lui sur le chemin, la voix railleuse du vieillard, qui lui criait :

— Eh, bonjour Claude, comment vas-tu ?

Simounen aurait été sans doute à l'abri des reproches de son ancienne dupe, s'il se fut présenté à pied malheureusement, il était monté sur ce bel âne qu'il devait à la naïveté de Claude.

Cette circonstance ralluma toute la colère endormie dans l'esprit de ce dernier, en lui rappelant sa sottise d'autrefois.

— Bonjour, répondit-il sèchement.

— Et ! comme te voilà sec, mon garçon, quelle mouche t'a piqué ?

— Je suis comme je dois l'être avec un blagueur de votre espèce, père Simounen.

— Un blagueur ! ah ça ! sais-tu à qui tu parles !

— Je sais que je parle à un rusé coquin.

— Des injures ! je t'attaquerai devant le juge.

— Bah ! pourquoi ne pas me lâcher aux trousses deux ou trois des démons à qui vous commandez !

— Et si je le faisais ?

— Vous êtes libre, ça nous amusera un peu !

— Ah ça ! petit, dit le berger que le ton ironique de Claude embarrassait et qui voulait porter la conversation sur un autre terrain, ah ça ! tu n'as donc pas réussi au *Trou-Noir* ?

— Si, j'ai réussi à me faire extorquer 80 francs et la belle bête que voilà ! c'est tout ce que j'ai gagné sans compter les plaisanteries de mes amis.

— Ce n'est pas de ma faute. Tu auras oublié quelque détail.

— Dites donc, père Simounen, assez plaisanté ! je vais vous donner un conseil. Gardez mon argent et mon âne puisque vous les avez, mais ne vous vantez pas de ce que vous avez fait ; je ne veux pas vous dénoncer à la justice, toutefois, il faut vous tenir tranquille à l'avenir, entendez-vous ? à ce compte-là, nous serons encore bons amis, et, je ne vous fermerai pas la porte, quand vous viendrez me demander un verre de vin et un morceau de fromage.

— C'est bien parlé, ça garçon, fit le berger rassuré, mais tu ne crois donc plus à rien ?

— Si, je crois à beaucoup de choses .

— A la bonne heure.

— Je crois, par exemple, que j'ai été un imbécile et que vous en avez profité ; je crois que si vous pouviez vendre le moyen de se procurer des trésors vous seriez plus riche que vous ne l'êtes ; je crois enfin, comme dit M. Morand, qu'il n'y a pas d'autres moyens de succès au monde que la probité, l'intelligence et le travail.

— Il y a du bon dans ce que tu dis ; mais, bah ! un petit peu de mystère ça fait de mal à personne et ça fait plaisir à tant de gens !

— Ce qui veut dire, père Simounen, que vous n'êtes pas corrigé et que vous ne vous gênerez pas pour vendre encore vos recettes aux bonnes âmes !

— Pourquoi pas, si ça se trouve !

— Bon ? et s'il se trouve aussi qu'on vous arrête et qu'on vous mette en prison.

— On est malin, mon garçon.

— Allons, tant mieux. Dieu veuille que vos prévisions ne se réalisent pas. Adieu, père Simounen !

— Au revoir, mon garçon.

Malgré sa forfanterie, Simounen profita un peu du conseil désintéressé de Claude Michu. Il cessa de se poser en familier du monde surnaturel, mais en même temps qu'il se débarrassait de sa peau de nécromancien, il s'adonna à une autre branche d'opérations non moins dangereuses que celles de la magie, au point de vue de sa tranquillité personnelle.

En un mot, il se mit à débiter des remèdes où l'élément merveilleux jouait aussi son rôle.

C'étaient des drogues d'une énergie peu commune qu'il fallait administrer ou absorber en prononçant certaines formules et que le vieux berger livrait aux consommateurs avec toutes sortes de recommandations touchant leur emploi et toutes sortes de louanges, au sujet de leur incontestable efficacité.

Claude Michu ne tarda pas à apprendre ce qui

se passait, et il en parla à son ami Bernard Morand.

— Oui, dit ce dernier, je sais que le vieux Simounen me fait concurrence, mais, outre que sa concurrence m'est assez indifférente, je ne suis pas d'humeur à le mettre aux prises avec la justice. Un jour viendra, où il se livrera de lui-même, en commettant quelqu'une de ces bévues qui sont la fin de l'histoire de tous les marchands de remèdes de bonne femme.

— Parmi ces remèdes de bonne femme, n'en est-il pas quelques-uns qu'on puisse accepter ?

— Je crois que si ; cependant je t'engage à ne pas te hasarder à les employer sans les soumettre à l'appréciation d'un homme entendu ; beaucoup de ces remèdes sont nuisibles ou le deviennent lorsqu'ils sont mal appropriés au cas pour lequel on les utilise.

Dans les campagnes où les médecins sont rares, il serait à désirer que les paysans possédassent parfaitement certaines règles d'hygiène dont l'application les préserverait de beaucoup de maladies et leur éviterait l'occasion de se mettre entre les mains des marchands d'onguents contre tous les maux.

Un de nos grands praticiens l'a dit: «La richesse du pauvre, c'est la propreté.» Je voudrais que nos campagnards songeassent à méditer cette maxime. La propreté est la sœur de la santé : elle doit régner partout, chez l'homme et autour de l'homme.

Il faut que le corps soit propre, mais il faut que les vêtements, le linge et la maison le soient aussi.

Je vois, avec regret, beaucoup de nos voisins amonceler auprès de leurs maisons des tas d'ordures.

C'est une mauvaise chose, il s'exhale de ces immondices des gaz délétères qui peuvent faire naître et propager des maladies contagieuses.

Tous les rebuts de la ferme qui ne peuvent être

employés comme engrais doivent être soigneusement brûlés, les animaux morts doivent être profondément enfouis et non pas abandonnés à la voirie comme on le fait communément.

La question de la nourriture doit aussi être l'objet d'une vive attention. Il faut manger peu et à heures fixes ; manger quand on a le temps et prendre beaucoup de nourriture, sous prétexte qu'on en prend pour plus longtemps, est une habitude qui, peut devenir nuisible.

L'estomac est une machine bien organisée, sans doute, mais elle se détraque facilement ; il lui faut un régime sévère ; lui donner trop ou trop peu de nourriture la lui donner irrégulièrement, c'est compromettre l'ordre de ses fonctions.

On gagne à ce système une terrible affection qui s'appelle la *gastrite*.

Il faut manger peu de viande, mais il faut en manger. La viande donne au sang et aux muscles la force nécessaire aux travaux des champs. Les aliments végétaux doivent être intelligemment combinés avec la viande dans l'ordinaire de la journée. On peut les prendre par quantités assez grandes, en évitant autant que possible de faire abus de ceux que leur acidité peut rendre dangereux.

Les fruits sont bons, à la condition d'être mangés en pleine maturité ; ils rafraîchissent pris modérément, quand on en mange trop, ils chargent l'estomac et affaiblissent l'économie.

Tous ces principes, je le sais, ne peuvent être régulièrement appliqués par les pauvres gens qui prennent ce que Dieu leur donne ; mais il est bon de les connaître et de s'y conformer autant que possible.

Les vêtements des campagnard doivent être

larges, afin de faciliter les mouvements du corps. Il faut éviter de se serrer trop le cou, à cause des congestions fréquentes, surtout pendant la chaleur.

Les habits d'été sont bons en toile, et meilleurs en laine légère. Au soleil, la laine laisse passer moins de chaleur que la toile, et quoique plus lourde, elle tient moins chaud.

Le coton doit être préféré au fil pour le linge de corps, parce qu'il absorbe mieux la sueur et conserve à la peau une chaleur plus normale.

Dans l'hiver, il faut craindre de rester dans un appartement trop chauffé ; il faut craindre surtout d'en sortir sans augmenter le nombre de ses vêtements.

C'est plutôt à l'exercice qu'au feu qu'on doit demander un remède contre le froid. La chaleur naturelle est la meilleure ; celle du feu, surtout celle des poêles en fonte, dessèche la peau, irrite le système nerveux et cause parfois de violents maux de tête.

Pendant les jours caniculaires, lorsque le travail des champs couvre les membres d'une sueur abondante, on doit s'abstenir avec soin de l'ombre des noyers et de certains autres arbres dont le feuillage garde une fraîcheur malsaine et parfois mortelle.

Il vaut mieux laisser la sueur se vaporiser lentement.

Boire frais quand on a très chaud est également nuisible ; quand la soif est trop ardente, il est bon de tremper ses mains dans l'eau, et si on le peut, de prendre un bain.

L'eau entre alors dans le corps par tous les pores, qui sont autant de petites bouches, et la soif disparaît sans qu'il soit nécessaire de se charger l'estomac d'une quantité de liquide qu'il a de la peine à contenir sans fatigue.

Tels sont à peu près les principes que je voudrais voir graver dans l'esprit de tous nos paysans.

Mais ce ne sont là que des moyens préventifs. Quand une maladie se déclare, il ne faut pas attendre une aggravation possible pour réclamer les soins du médecin. Ceux qui, par économie, atermoient, ou que par ignorance appliquent des remèdes de bonne femme dont nous parlions tout à l'heure, ceux-là perdent plus d'argent qu'ils n'en épargnent, car plus la maladie empire, plus elle coûte cher à soigner.

A ces soins purement matériels, j'en voudrais joindre d'autres, si j'étais libre d'arranger à mon gré les affaires de ce monde. Je voudrais m'occuper de l'esprit aussi bien que du corps, de l'intelligence aussi bien que de la santé.

De nos jours, il est peu de communes qui n'aient un instituteur. Grâce aux lois actuelles, l'instruction tend à se généraliser; eh bien, à mon sens, on trouve encore trop de paysans qui refusent les bienfaits de cette instruction qui leur est si libéralement offerte.

L'enfant est envoyé à l'école assez volontiers tant que ses petits bras sont encore trop faibles pour manier la brouette ou le râteau; mais, dès qu'il atteint 10 ou 12 ans, on coupe court à son éducation pour l'envoyer au champ avec les hommes; qu'il sache lire ou non peu importe. Ce qu'on voit en lui, avant tout, c'est un auxiliaire de plus.

Je n'aime pas ces tendances : outre qu'elles accusent un égoïsme peu excusable ; elles sont contraires aux intérêts du cultivateur. S'il considère l'instruction primaire comme inutile, ou du moins comme indifférente à ses intérêts, il a tort et grandement tort.

Il faut qu'un homme, dût-il pousser la charrue toute sa vie, sache au moins lire. écrire et compter.

Ces trois notions lui inspireront le désir d'en acquérir de nouvelles.

Pendant les loisirs que lui laisse son labeur, un esprit trouvera un aliment sérieux : il ira moins au cabaret et sa bourse s'en trouvera mieux ; il lira de temps en temps quelques livres simples appropriés à sa nature, qui lui donneront d'utiles enseignements sur les choses qu'il doit savoir ; il saura calculer plus exactement le rendement de ses terres, et sur ces calculs, il basera des entreprises plus productives.

Enfin, il se moralisera, car je ne crois pas à cette honnêteté que certaines gens font résider dans l'ignorance absolue de toutes choses.

— Il y a peut-être une bonne raison qui empêche le cultivateur de faire donner à ses enfants une éducation élevée, objecta Claude Michu, c'est qu'il craint d'être dédaigné par eux, lorsqu'ils se trouvent plus savants que lui.

— C'est vrai, il est de mauvais esprits et de mauvais cœurs qui rougissent de l'ignorance de leurs parents : mais contre ceux-là le remède est facile.

En voici un exemple : J'ai un ami du nom de Guillaume Hervieux, son père était un riche propriétaire des environs de Mairelles. N'ayant reçu qu'une instruction insuffisante, ce brave homme s'était dit que son fils, envoyé régulièrement à l'école pourrait plus tard devenir pour lui un utile auxiliaire. Dans ce but, il s'imposa des sacrifices et le plaça dans une des bonnes pensions de la ville. Au bout de trois ans l'enfant était un élève fort distingué. Ses maîtres engagèrent Hervieux à pousser plus loin son instruction. Le fermier n'hésita pas, malgré le blâme de ses amis.

Quand Guillaume revint pour la seconde fois, il se mit de bon cœur à l'ouvrage de la maison ; mais un jour, Hervieux ayant voulu l'envoyer au marché, vendre deux bœufs, il se révolta contre cette exigence.

Tu refuses, dit sévèrement le fermier ?

Oui, mon père, vous ne m'avez pas fait si bien instruire, pour faire de moi un meneur de bœufs.

Le père ne répondit pas, mais quand Guillaume voulut se lever le lendemain, il trouva, au lieu de ses habits de la veille, une méchante blouse, un pantalon de toile et des sabots.

A partir de ce jour, prononça Hervieux, je ne veux pas nourrir une bouche inutile : si tu veux manger, tu gagneras ton pain. Mon garçon de labour m'a quitté hier, je te donne sa place.

Guillaume se jeta tout repentant dans les bras de son père. Il avait compris cette rude leçon.

Dès ce moment, il s'occupa de tous les travaux de la ferme, et, grâce à ses connaissances, il en fit le domaine le plus riche et le mieux tenu du département.

— Je profiterai de tout ce que vous venez de me dire, maître Morand, fit Claude Michu, et j'en ferai profiter mes enfants, je vous en réponds.

— Tes enfants ? Il faudrait te marier d'abord.

— C'est ce que je vais faire. Dans un mois, je mènerai Madeleine à l'église, et si vous voulez être mon témoin, ce sera un grand honneur pour moi.

Bernard Morand promit. Un mois après, Claude et Madeleine étaient les plus heureux époux de toute la Provence.

Que devint le vieux Simounen ? Hélas ! la prédiction de Claude et de Bernard se réalisa.

Simounen vendit un jour à un cultivateur trop crédule un de ses fameux remèdes qu'il lui fit, par parenthèse, payer fort cher, en égard sans doute à la vertu magique qu'il lui prêtait.

La drogue était si rude et elle opéra si bien qu'en deux jours le malade mourut.

Simounen s'en consola, mais la justice se montra moins philosophe : elle voulut savoir la raison de l'événement, et notre vieux berger reçut la visite des gendarmes qu'il redoutait tant.

On découvrit alors toutes les manœuvres auxquelles il se livrait depuis longues années ; on sut qu'il abusait de la crédulité des gens pour les rançonner, et que ses pratiques soi-disant bienfaisantes laissaient fort à désirer sous le rapport de la probité.

Bref ! le père Simounen fut condamné à plusieurs mois de détention.

Les loisirs de la prison ont dû lui inspirer des réflexions salutaires et le guérir pour toujours de la malencontreuse idée d'appliquer au pauvre monde les recettes surnaturelles du *Dragon Rouge*.

TABLE DES MATIÈRES

BIBLIOTHÈQUE CABALISTIQUE

Volumes à 60 centimes.

TOURS DE MAGIE (L'ANCIENNE ET LA NOUVELLE COLLECTION DES), magie blanche et fantasmagorie avec 60 figures, par M. LECOMTE, 1 vol.

LA CARTOMANCIE COMPLÈTE, ou l'art de tirer les cartes. 1 vol.

ORACLE DES DAMES ET DES DEMOISELLES (L'ANCIEN ET LE NOUVEL). 1 vol.

CLEF DES SONGES (L'ANCIENNE ET LA NOUVELLE). 1 vol.

GRAND (Le) ALBERT et ses secrets merveilleux. 1 vol.

LE PETIT ALBERT et ses secrets merveilleux. 1 vol.

LE DRAGON ROUGE ou l'Art de conjurer les esprits. 1 vol.

MAGIE NOIRE (La) ET LA MAGIE BLANCHE. 1 vol.

LE JEU DU GRAND SORCIER, jeu magique pour deviner l'âge et le nom des personnes.

Volumes à 1 fr. 10.

LA NOUVELLE CLEF DES SONGES. 1 vol.

LA CHIROMANCIE OU LA BONNE AVENTURE EXPLIQUÉE. 1 vol. in 8 illustré.

CARTOMANCIE OU ART DE TIRER LES CARTES, par J. de RIOLS 1 vol. in-8°.

SPIRITISME ET TABLES TOURNANTES, nouvelle méthode facile. 1 vol. in-8°

MAGNÉTISME ET SOMNAMBULISME, méthode nouvelle. 1 vol. in-8°

CLEF DES SONGES ET CARTOMANCIE COMPLÈTE (NOUVELLE). 1 vol. avec gravures.

ORACLE DES DAMES ET DES DEMOISELLES, suivi de L'ORACLE DES HOMMES, 1 joli volume, colorié.

ASTROLOGIE OU ART DE TIRER UN HOROSCOPE, par J. de RIOLS. 1 vol. in 8°.

LA GRAPHOLOGIE, par J. de RIOLS. 1 vol. in-8°.

HYPNOTISME et SUGGESTION, par E. SANTINI, 1 vol. in-8°.

Volumes à 1 fr. 60.

LA POULE NOIRE (Livre de magie). 1 vol.

LE GRAND GRIMOIRE   —   1 vol.

Volumes à 2 fr. 10.

LA TRIPLE CLEF DES SONGES. 1 beau vol. in-12 illustré.

Paris. — Imp. PAUL DUPONT (Cl.). THOUZELLIER. D°.

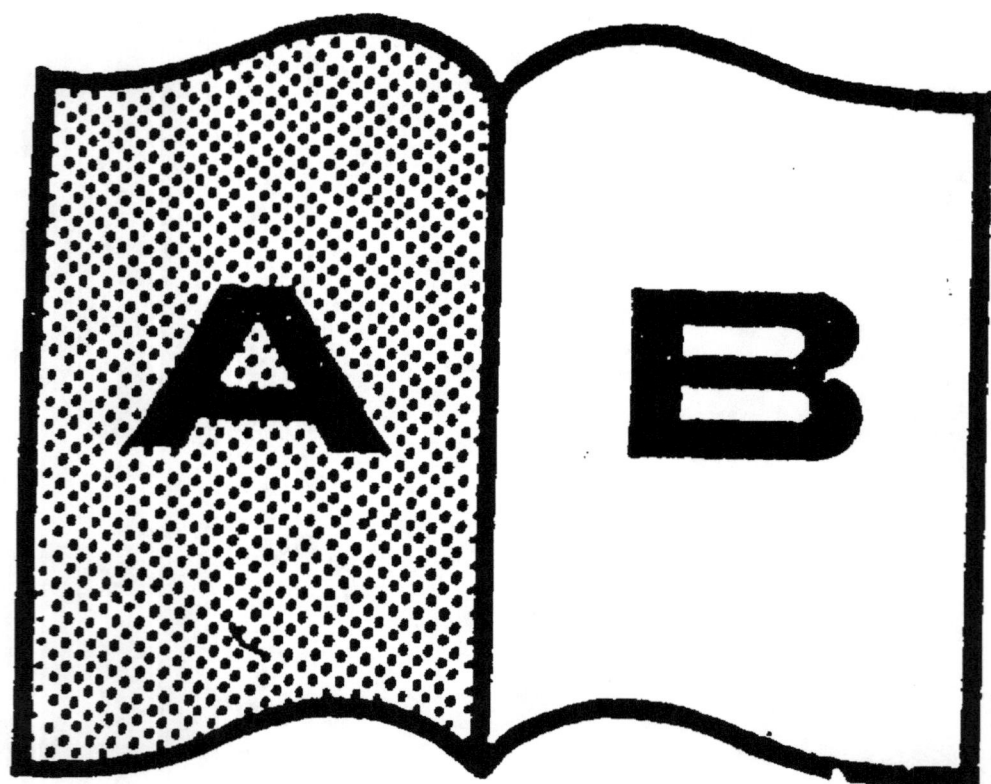

Contraste insuffisant
NF Z 43-120-14

www.ingramcontent.com/pod-product-compliance
Lightning Source LLC
Chambersburg PA
CBHW052124090426
42741CB00009B/1945